【中国人格读库

国家新闻出版广电总局

培育和践行社会主义核心价值观主题出版重点出版物

左权传

高占祥　主编

黎江波　著

北京时代华文书局

图书在版编目（CIP）数据

左权传 / 黎江波著 . -- 北京：北京时代华文书局 , 2015.8（2022.3 重印）
（中国人格读库 / 高占祥主编）
ISBN 978-7-5699-0437-6

Ⅰ . ①左… Ⅱ . ①黎… Ⅲ . ①左权（1905～1942）—传记 Ⅳ . ① K825.2

中国版本图书馆 CIP 数据核字（2015）第 175021 号

左 权 传
Zuo Quan Zhuan

主　　　编 | 高占祥
著　　　者 | 黎江波

出 版 人 | 陈　涛
责任编辑 | 邢　楠
装帧设计 | 程　慧　段文辉
责任印制 | 訾　敬

出版发行 | 北京时代华文书局 http://www.bjsdsj.com.cn
　　　　　北京市东城区安定门外大街 138 号皇城国际大厦 A 座 8 楼
　　　　　邮编：100011　电话：010 - 64267955　64267677
印　　　刷 | 三河市嵩川印刷有限公司　0316 - 3650395
　　　　　（如发现印装质量问题，请与印刷厂联系调换）

开　　　本 | 787mm×1092mm　1/16　　印　张 | 9.5　　字　数 | 90 千字
版　　　次 | 2016 年 1 月第 1 版　　　　印　次 | 2022 年 3 月第 3 次印刷
书　　　号 | ISBN 978-7-5699-0437-6
定　　　价 | 38.00 元

版权所有，侵权必究

《中国人格读库》编委会

主　　任：高占祥

编　　委：陈伟文　连瑞谦　刘晓红　刘艳华
　　　　　谢锡文　杨迎会　杨红卫　杨廷玉
　　　　　杨志刚　张广海　周殿富

社会主义核心价值观与中国人格

周殿富

社会主义制度在中国已经建立了六十余年，而我们党则在本世纪初叶提出了培育弘扬社会主义核心价值观的重大课题，显然是其来有自。

社会主义的道德风尚在新中国蔚然兴起，曾经那样地风靡于二十世纪中叶。邓小平同志曾经在改革开放中讲过，当年"这种风气不仅是中国历史上从来没有过的，而且受到了世界人民的赞誉"。然而可惜的是，这个在社会主义制度建立与实践中，同步兴起的社会主义道德风尚的成长道路，却是一波四折。半个多世纪以来，它先是与共和国一道遭受了十年"文革"的浩劫；接着便是全党工作重心转移到改革开放进程中，欧风美雨"里出外进"的浸洗濡染；再接着是西方"和平演变"在东欧得手的强烈震荡与冲击；最后又是市场经济中那两只"看不见的手"在搅动着、嬗变着人们的价值取向。至少在国民中出现了价值观上的多层次化，传统美德的弱化，社会道德文明水准的退化，光荣革命传统的淡化，这也许正是中央在本世纪初提出社会主义核心价值观的原因吧。

不管怎么"变"，怎么"化"，当我们回首来时路，却不能不说，中华民族真的很强大，很值得骄傲。人类经历了几千年的文明进程，堪称世界文化之源的"五大文明古国"，其他四大古国文明都已被历史淘汰灭亡，只有中国成了唯一的延续存在。近现代即使那般的积贫积弱，被西方列强豆剖瓜分、弱肉强食，想亡我中华都不可能，就连最强大的美帝国主义，最凶残的日本军国主义都成为我们的手下败将，而且打出了一个新中国，且跨过整整一个历史阶段，直接进入了社会主义。西方敌对势力几十年不遗余力地对新中国百般围剿，"冷战""热战""和平演变"手段用尽，连如此强大的前苏联乃至整个苏东阵营都被瓦解了，而社会主义的旗帜仍旧在960万平方公里的土地上高高飘扬，而且昂首挺胸地屹立在世界的东方，中国真的是太强大了。几十年来的瞩目成就，竟然令西方发出了"中国威胁论"。你管他别有用心也好，言过其实也好，总比让别人说我们是"瓷器"，是"东亚病夫"好吧？1840~1949年的一百零九年间，中国尽受别人的欺负、"威胁"了，我们也能让那些昔日列强有点"威胁感"，又有什么不好？更何况这是他们自己说的啊！我们并没吹嘘，也没有去做。几千年来我们侵略过谁呢？"反战""非攻""兼相爱，交相利"，中国古有墨子，近有周恩来、邓小平同志。这也是中华民族固有传统美德的延续吧！

生于忧患，死于安乐，这也当是中华民族的一个传统美德吧？几十年来尽管中国如此繁荣兴旺，但从邓小平生前一直到党的"十八大"以来，无论哪一届中央领导集体，从来都没有忘记过国之忧患。忧在何处，患在何处呢？

二十世纪八十年代末，邓小平同志曾经在半年的时间内四次提到：中国改革开放十年最大的失误在教育，在"对青年的政治思想教育抓得不够""对人民的教育不够"，足见他的痛心疾首。他晚年时又提到了"国格"与"人格"的问题，讲道："谈到人格，但不要忘记还有一个国格。特别是像我们这样第三世界的发展中国家，没有民族自尊心，不珍惜自己民族的独立，国家是立不起来的。"

（精装版《邓小平文选》第3卷331页。）

人们很少注意到邓小平的这一段话，但邓小平恰恰是在这里把"国格""人格"提升到了事关"立国"的高度。

那么，什么是我们社会主义的"国格"呢？邓小平讲得很明白："民族自尊心""民族的独立"。

新中国一路走来，我们最大的尊严便是完全靠"自力"，靠"艰苦奋斗"，而达"更生"之境。对西方敌对势力的"冷战""热战""和平演变"，我们何曾有过屈服？也正是在这一前提下，我们才有真正的"民族独立"。这就是我们的国格。那么什么是我们中国人的人格呢？邓小平同志在这里没有讲，但他在1978年4月22日召开的全国教育工作会议上的讲话中，在讲到我们的教育培养目标时，至少提到与社会主义人格相关的各个方面：革命的理想，共产主义的品德，勤奋学习，严守纪律，艰苦奋斗，努力上进，爱祖国，爱人民，爱劳动，爱科学，爱护公共财产，助人为乐，英勇对敌，集体主义精神，专心致志地为人民工作，等等。这里的哪一条不属于社会主义人格的范畴呢？

2006年党的十六届三中全会，第一次提出了"建设社会主义核心价值体系"的历史性命题和战略任务。2007

年，胡锦涛同志在"6·25"讲话中又具体提出这个"体系"包括四个方面的内容：①马克思主义的指导思想；②中国特色社会主义共同理想；③以爱国主义为核心的民族精神和以改革创新为核心的时代精神；④社会主义荣辱观。这四个方面，一是信仰，二是理想，三是精神，四是道德文明，哪一个不在社会主义人格的范畴之内呢？党的十七届六中全会又提到了社会主义核心价值体系是"兴国之魂"。

2012年11月，在党的"十八大"上又用"三个倡导"把社会主义核心价值观概括为十二项：①倡导富强、民主、文明、和谐；②倡导自由、平等、公正、法制；③倡导爱国、敬业、诚信、友善。而且中办文件又把这"三个倡导"分为三个层面：第一个"倡导"的四项，是国家层面的价值目标；第二个"倡导"的四项，是社会层面的价值取向；第三个"倡导"的四项，是公民个人层面的价值准则。实际上前两个"倡导"的八项都是属于"国格"范畴，而第三个"倡导"是属于"人格"范畴。

那么，我们怎样才能在前面讲到的那些历史嬗变中培育建构起这个"核心价值观"呢？中共中央政治局的第十三次集体学习，似乎很明确地回答了这个问题。

新华社北京2014年2月25日电讯称：中央政治局在2月24日，以弘扬社会主义核心价值观，弘扬中华传统美德为内容，进行了集体学习，习近平总书记在主持学习时强调：

培育和弘扬社会主义核心价值观必须立足中华优秀传统文化。牢固的核心价值观，都有其固有的根本。抛弃传统、丢掉根本，就等于割断了自己的精神命脉。博大精深的中国优秀传统文化是我们在世界文化激荡中落稳脚跟的根基。中华文化源远流长，积淀着中华民族最深层的精神追求，代表着中华民族独特的精神标识，为中华民族生生不息、发展壮大提供了丰厚滋养。中华传统美德是中华文化精髓，蕴含着丰富的思想道德资源。不忘本来才能开辟未来，善于继承才能更好创新。对历史文化特别是先人传承下来的价值理念和道德规范，要坚持古为今用、推陈出新，有鉴别地加以对待，有扬弃地予以继承，努力用中华民族创造的一切精神财富来以文化人，以文育人。

习近平总书记的这段论述相当精辟，对于如何培育建构社会主义核心价值观问题从四个方面剀切明白。

第一，他明确指出要在中华优秀传统文化的基础上，来构造我们的社会主义核心价值观，而不能割断历史。这一条十分重要，否则我们便会失去我们的本来面目，便会成为无源之水，也就无法走向未来。

第二，指出了中华传统美德是中华文化精髓，蕴含着丰富的思想道德资源。这就为我们揭示了社会主义核心价值观，要以弘扬优秀的中华传统美德为基础。

第三，他指出，对传统文化在扬弃中继承，在继承中创新。这就是说，社会主义核心价值观的内涵，既要有优良传统的文化精神，也要有时代精神，是二者的有机结合。

第四，他指出要用中华民族创造的一切精神财富，来化人育人。这就是说，弘扬中华民族文化，并不只是传承儒学那些道统，而是要弘扬全民族共创的优秀传统文化。同时也就是说，培育、弘扬社会主义核心价值观的根本目的是化民、育人。

尤其值得瞩目的是，习近平总书记在这次讲话中提到了一个"中华民族独特的精神标识"问题，而在同年的全国组织部长会议上又提出我们再也不能以GDP论英雄的思想。让人欣慰的是，思想道德文化建设终于被提升到一个民族的标识地位，这至少表明中国人的思想观念，并不落伍于世界潮流。

并不受人欢迎的亨廷顿生前给他的祖国提出的警示忠告，竟是如何弘扬他们没有多少历史和文化的"传统文化"："盎格鲁新教精神——美国梦"，以此为国家的"文化核心"问题。他讲道："在一个世界各国人民都以文化来界定自己的时代，一个没有文化核心而仅仅以政治信条来界定自己的社会，哪有立足之地？"所以，他提醒他无限忠于的祖国，一定要巩固发扬他们自入居北美以来，在新教精神基础上形成的"美国梦"理念的"文化核心"地位，这样才能消解这个国家的民族与文化双重多元化的危机。为此，他甚至预言美国弄不好会在本世纪中叶发生分裂。而且他公开预言不列颠大英帝国也会因民族与文化多元化的问题，导致在本世纪上半期发生分裂。

西方的一些专家学者们也十分强调国家民族文化的地位问题，柏克说："全世界的人根据文化上的界限来区分自己。"丹尼尔同样说："保守地说，真理的中心在于，对一个社会的成功起决定作用的是文化，而不是政治。开明地说，真理的中心在于，政治可以改变文化，使文化免于沉沦。"这些语言也可能有它们的局限性与某种非唯物性，但至少可以让我们看到那些发达的资本主义国家在想什么，至少与马克思主义经典作家们，关于意识形态并不总是消极被动地接受它的经济基础的论断并不相悖。

中国显然具有世界上最悠久的民族文化，同时显然也拥有世界上最强大的政治优势。新中国包括它直接进入社会主义的经济形态，以及其后的一次次经济变革，哪一次不是靠政治力量在强力推动呢？它当然同样拥有让我们几千年的民族文化"免于沉沦"的能力。有学人认为我们的民族文化早就被以往一次次的历史性灾难割裂了，这个看法显然都是毫无道理的。但我们当下却确实面临着"两个传统"失传失统的危险。中国的传统文化与优秀的民族美德，在当代国民中还有多少传承？老一代中国共产党人用生命与鲜血铸就的光荣革命传统，在党内还有多少"光大"？我们现在全民族的"核心文化"到底在何处？"社会主义核心价值观"的提出不仅符合世界潮流，也是使我们优秀的民族文化得以传承而不发生历史断裂的根本保证。富和强永远都不是一个民族的标志，哪个国家不可以富，不可以强？但能代表中国"这一个"本来面目，具有自己民族特色的，唯有中华民族的文化，能代表中国人形象的只有中国独具的道德人格。什么是人格？人格就是原始戏剧中不同角色的本来面目。

综上所述，我们是不是可以这样认为，社会主义核心价值观应内含如下的成分：中华民族传统文化中的优秀传统美德；中国人民近现代反帝反侵略反封建的爱国主义、斗争精神与中国共产党领导下形成的几十年光荣革命传统；中国化了的马克思主义有中国特色社会主义的共同理想；与"中国梦"远大目标相适应的时代精神。由这些内涵构成的社会主义核心价值观，用它来干什么呢？用习近平总书记的话来说就是"化人""育人"，把它再具体化一下，无非是打造能体现中华民族特色，代表中国形象的国格、人格。在思想道德层面上，一个国家的民族精神也只有在人的身上才能体现，所以我们依据社会主义核心价值观的基本要求，针对当代青少年的实际情况，策划了《中国人格读库》这样一套大型系列选题。

本套书承蒙全国少工委、中华文化促进会、团中央中国青年网三家共同主办推广，并积极提供书稿。难得高占祥老前辈热情出任该套书的编委主任，且高占祥同志不辞屈就加盟主创作者队伍。一些大学、中学教师与青年作者也积极加盟此套书的编写。该选题被国家新闻广电出版总局列为2014年全国社会主义核心价值观重点选题，在此一并鸣谢。

希望本套书的出版能为社会主义核心价值观的培育与弘扬，为促进青少年的道德人格养成起到积极的作用。欢迎广大读者与作家对不足之处批评教正，多提宝贵建议与指导意见。

谨以此代出版前言并序。

二〇一四年十月

于北京时代华文书局

引言

左权同志的生平事迹，是足以示范后人永垂不朽的。当我们在革命胜利的时节来纪念他的时候，应该更好地学习他的崇高的品质。

——刘伯承

抗日战争，是中华民族一百多年来反抗帝国主义侵略第一次取得完全胜利的伟大的民族解放战争。为了这场战争的胜利，有多少英雄的热血洒在了这片土地上，诞生了多少可歌可泣的故事。而左权将军无疑是抗日战争中涌现的民族英雄的杰出代表。

左权是伟大的无产阶级革命家、军事家、中国工农红军和八路军的高级将领。他从年轻时开始便坚决做了党的、革命的战士。自东江战争之后去莫斯科学习，他获得了丰富的斗争知识，回到中国参加武装斗争，凭借自己过人的胆识、杰出的军事才能创造了一个又一个战争史上的奇迹。抗日战争爆发后，他任八路军副总参谋长、八路军前方总部参谋长，他协助指挥八路军，粉碎日伪军的"扫荡"，取得了百团大战等许多战役的胜利。1942年5月日军对太行山抗日根据地发动"大扫荡"，左权指挥部队掩护中共中央北方局和八路军总部等机关突围转移，不幸壮烈殉国，年仅37岁。左权的一生获得了中共领导人的高度评价。周恩来称他是"理论修养同时有实践经验的军事家"；朱德赞誉他"军事理论、战略战术、军事建设、参谋工作、后勤工作等方面有着极其丰富与辉煌的建树，是中国军事界不可多得的人才。"

左权为了中国的革命和解放做出了巨大的牺牲，他把一生都奉献了党和人民，在国家与民族危难之际挺身而出、浴血奋战，领导八路军抵抗日寇侵略者，直到生命的尽头。当左权将军牺牲的消息传来，朱德总司令不禁热泪盈眶，悲痛不已，写下了《悼左权同志》的诗篇：

名将以身殉国家，

愿拼热血卫吾华。

太行浩气传千古，

留得清漳吐雪花。

目录

一、少年左权 / 001

二、投笔从戎 / 009

三、奔赴闽西 / 027

四、万里长征 / 038

五、华北敌后抗日 / 057

六、百团大战 / 082

七、反扫荡斗争 / 100

后记 / 111

延伸阅读 / 113

左权年谱 / 126

左权

一、少年左权

1905年3月15日，左权诞生在湖南醴陵城北平桥黄茅岭村的一个农民家庭。左权的家乡属于湘江支流流域，靠近湖南省东部边境，东、南、北三面多为罗霄山脉所围绕。西边是大片田野，渌水自东向西贯穿中部滋养着这块土地。罗霄山俯瞰全境，层峦叠嶂，山深林密，野兽出没，有着不同于北方雄山峻岭的独特气派。

左权家住的房屋背后有一座猫形的山丘，屋子坐落在猫的腹部下边，所以黄茅岭又叫做黄猫岭。房子的对面左边是桃子坡，右边有座大王山。这屋前屋后就是左权小时候玩耍和劳动的地方。

左权父亲左兆新和母亲张氏都是佃农。一家人都和当时的农民一样，一年到头过着饥寒交迫的苦日子。左权乳名叫自林，在左家属于纪字辈，他曾经以"左纪传"为名。后来他去广州参加革命的时候，不再使用原来的名字，用上了左权这个名字。左权有三个哥哥和一个姐姐。大哥育林，姐姐毓春居次，二哥纪棠过继给叔叔左铭三为子，三哥应林，左权是父母亲最小的儿子。左权一岁多的时候父亲就去世了。不久之后，操劳了一辈子的爷爷因丧子悲痛也跟着去世了，家里的重担于是都落到了母亲身上。

左权的母亲张氏对于左权的成长有着巨大的影响。张氏贤良、勤劳在黄猫岭一带是有名的。丈夫、公公、婆婆相继去世，一连串打击并没有把她打倒。她含辛茹苦拼死拼活地支撑着这个家。每天起早贪黑，白天从事田间劳作，晚上纺纱织布到深夜，勉强维持着一家人的生活。每到青黄不接的时候，左权家常以野菜充饥。

家里经常吃不饱，造成了三哥的去世。1916年醴陵一带闹春荒，家里无米下锅，揭不开锅盖。三哥应林去外婆家去借粮食。外婆家离左权家有几十里路。十二岁的应林走了整整一个下午，快到外婆家累得满头大汗。由于又饥又渴，应林跑到外婆家旁边的池塘喝起了水，不料由于长时间处于饥饿乏力的状态，导致应林站都站不稳了，一个趔趄跌进了池塘里，等到被救上来时已经断了气。母亲知道后悲痛欲绝。三哥的死，让左权内心受到极大的创伤，也让他变得更加懂事成熟。在闹饥荒的时候，贫苦农民挨饿受冻，而富家大户却借机抬高粮价。在饥寒交迫的日子里，左权更加体贴母亲，成了母亲料理家务的好帮手。

虽然母亲张氏的文化素养比较低，但是她有着一颗善良的心和一双勤劳的手。尽管自己家境贫寒，仍然不忘帮助那些更加穷苦的人。村里有一个年轻人不愿出去挖野菜，家里人嫌他懒把他赶了出来。走投无路之际，左权母亲把他叫到了家里，给了他一碗面，并且劝诫他："年轻人不要怕吃苦，好吃懒做是没有出息的，要想办法做一个有用的人。"还把家里仅有的两斗米给了他，年轻人十分感动，下定决心出去劳动。幼小的左权看在眼里，记在心上。又有一次，左权在放牛时和一个小伙伴发生了争吵，他一时激动，动手打了这位瘦弱的小伙伴，母亲知道了把左权叫到自己身边跪下，神情严肃对他说："因为一件小事就吵起来是不值得的，打人更是不对的，你要和小伙伴们好好在一起干活儿。"左权向母亲承认了自己的错误，并且在左手系了一根绳子，提醒自己再也不欺负弱小了。

在母亲的影响下，年幼的左权从小就勤俭节约，乐于助人，敬老爱幼。每到秋天收获的季节，左权和哥哥在田野割稻，碰到在田间捡稻穗讨谷的，总是对哥哥说："给老人一点吧，他比我们的日子更难过。"平时他在菜园里栽种的蔬菜瓜豆也常常分给街坊邻里，周围的人都夸他是一个懂事的好孩子。

辛亥革命之后，各地纷纷开办私塾，在城市里各种新的思想渐渐流行起来，民众开始有了一些自由的思想。但当时乡下仍然比较闭塞，左权的家乡醴陵在科举时代中举做官的极少，普通的农家子弟更是没有机会去读书。但是年幼的左权却下定决心要上学，七岁时他就向母亲提出："我也要读书。"在左权的心里，书就是通往另一个更大的世界的通行证。他清醒地认识到只有读书才能改变自己的命运。但是由于家里经济拮据，母亲一个人很难供养他上学。"读书是要钱的，我们家的财神菩萨还没睁开眼睛。"母亲又惭愧又为难地说。

懂事的左权不想为难母亲，于是他自己想了一个可以赚钱的方法—正月里耍讨米狮子。于是他叫上了自己的哥哥和村里的几个好朋友一起干。讨米狮子是用被子缝成的狮子头被，耍的人在狮子头被里唱狮子歌，左权和这些人就用这些道具讨米耍狮子舞。正月初一的时候，家家放过爆竹，开了财门，左权他们的讨米狮子就出行了。左权敲鼓，另外几个小伙伴们分别打锣、舞狮子、唱狮子歌，狮子后面还有人摇着尾巴。

每进到一户人家，狮子就蹦进堂屋里，在贴有"天地国亲师位"的神主牌子前行两跪六拜大礼，小伙伴们用稚嫩的声音唱着狮子歌。若主人鸣放鞭炮，左权就将狮子头摇得左顾右盼，前俯后仰，摇着铜铃向主人示好。几个人把过年的气氛搞得好不欢乐，主人看到这些孩子可爱又可怜，赶忙从屋里拿出一升糙米，倒进左权的米袋。孩子们得到了酬谢，博得了主人的欢喜，就舞着狮子作揖、叩头告别。讨米狮子一直玩耍到元宵散灯这一晚，它给黄猫岭周围的山乡制造了欢乐，同时也让左权攒了一些学费。

在母亲的支持和左权的不懈努力下，他八岁开始在村里的私塾读书。当时他念的《三字经》《孟子》《论语》这些书。由于没有钱买书包，他就用两块木板两端系上绳子做成一个书架。他还自制竹筒当笔盒，用竹竿做成笔。之后村里办起了国民小学堂，左权进校接触到了更多的知识。他喜欢古文，也喜欢看古代传奇小说如《三国演义》《水浒传》等。

左权自幼天资聪颖，学习十分刻苦。他经常一边放牛一边学习。村里有一个农民叫李兆庆，十分精通算盘。左权虚心向他请教算盘，李兆庆看到左权如此好学，就把算盘借给了他练习。聪明的左权很快就学会了算盘，并且能够熟练运用。除了白天的学习功课，左权在晚上仍然孜孜不倦地学习。母亲在一盏昏暗的桐油小灯旁边纺线织麻直到深夜，左权就借着这微弱的灯光看书，母子二人坐在一起直到深夜。

左权十岁那年就已经会写诗作文了，熟读诗书的他同时十分关注国家大事，对于整个国家衰败的状况已经有了一定的了解。左权的老师匡宜民是一位有识之士。1904年2月，匡宜民参加了由黄兴、陈天华、宋教仁在长沙组织的华兴会，后来追随孙中山、黄兴参加辛亥革命。匡先生常常给左权讲述辛亥革命的故事。一颗爱国的心就此播在了左权幼小的内心。1915年，袁世凯复辟想要当皇帝，为了取得日本人的支持甚至和日本人签订了丧权辱国的"二十一条"卖国条约。匡宜民听到这个消息，义愤填膺地在课堂上痛斥袁世凯丑陋的嘴脸和卑鄙的卖国

袁世凯

罪行。左权听了十分愤慨，当即用毛笔在纸上写下了"勿忘五九国耻"六个大字，流着眼泪高唱《五九国耻歌》："高丽国，琉球岛，与台湾，地不小，可怜都被它吞并了，无公理，灭人道，好河山，将送掉。最伤心，四年五九噩耗，为奴当婢眼前到，这国耻，何时消。"他还让同学们将纸贴自己在背上，跑出教室，奔向村里，一边跑一边喊，向父老乡亲揭露袁世凯的罪行。他又约了几个同学在墙上写下"反对日本帝国主义""取消二十一条""打倒卖国贼"等标语，村里人看到左权小小年纪就这么爱国，都十分赞叹。

1919年夏天，左权读完了初等小学，转入醴陵北一、二、三、四区联合高等小学学习。左权家穷没有条件住读，只好走读。每天早出晚归，中午带一顿饭，冬天只能吃冷饭。无论刮风下雨，他都坚持按时到校，从不缺课。由于勤奋刻苦，他的成绩在班上总是名列前茅，特别是地理和语文。

1921年，左权在北联高小毕业后，考入了县立渌江中学。渌江中学是醴陵的最高学府，教员都是一时之选。1836年左宗棠掌管渌江书院，此后名人辈出。全校学生150多人，分三个班级，每个年级一个班。教员大多是有过海外经历的留美或留日生。

左权刚入校时，字写得不好，受到校长和老师阳兆鹏的批评。阳兆鹏先生把左权领到书房，非常严肃地说："凡学业，没有学而不得的。字写不好的原因在于心力懈怠，不求专精。

学子学得机智，他好具忘。"阳兆鹏捧出文房四宝，捉笔在手，亲自示范。阳先生一边说，一边提起笔来，写了一个大大的"永"字，勉励左权说："王右军临池学书，池水尽墨。你要日临名书，无吝纸笔。"

左权靠着叔叔和族中亲友的资助才得以交齐学费，但是他却没有钱买笔墨纸砚。为了练书法，左权绞尽脑汁想出了另外一种方法。学校后山上，有一处山泉，取名洗心泉。洗心泉成为左权砥砺心志的一处胜地，这里风景优美，地僻幽静，泉水叮咚作响。勤奋的左权蘸泉水为墨，以岩石为纸，捉笔写水字，独自一人练起了书法。他谨遵阳先生的教会，以王羲之为榜样，每一笔一画都贯彻着阳先生教授的永字八法，渐渐地掌握了书法章法，到后来每下一笔，轻重缓急，疏密浓厚，刚柔曲直都十分到位。书法的进步让他深刻体会到了"学与时进，功已深矣"。

渌江中学对学生的严格要求使得左权不再像在私塾里那样死读书，只求一知半解，而是务求读懂。他的勤奋使得他成了阳兆鹏先生的得意门生。左权在渌江中学不仅仅学到知识，更培养了自己坚忍刚毅的性格和独立思考的能力。这使得他日后在战场上总是习惯深思熟虑，从大局出发，同时在实践的基础上不断总结提高。

二、投笔从戎

1923年底，左权的亲友和族人再也无力凑钱供他继续读书了，左权陷入了前所未有的困境。

正在这时，孙中山从上海到了广州，组建了新政府，决心北伐统一中国，为了招收更多的军事干部，在创办了一座军事学校。由于军政部部长程潜是湖南醴陵人，非常重视对家乡子弟的招收，于是这年大元帅府大本营军政部主办的广州陆军讲武学校便派人来渌水中学招生。招生的消息传来，左权满心欢喜，大家都把广州看成当时中国的光明之地，他和几个同学立即准备报考陆军讲武学校，决心投入到孙中山领导的革命大潮中。

1923年12月，左权告别家乡父老，约上同样想去讲武学校的同学一起去了广州，从此开始了职业军人的生涯。

这时候的广州在左权的眼里就是一座五花八门的兵营。这里有着许多的军阀势力，在大元帅的旗帜之下，有滇军、

1924年4月，孙中山在广州大元帅府办公室书写《国民政府建国大纲》。

粤军、湘军、桂军、赣军等，按照力量的强弱在广州划分势力范围，扩充兵员。军阀们佯装拥护孙中山，实际各怀鬼胎。革命的洪流和污浊泥水，这一时期共同在历史的长河里奔流。

左权来到大本营陆军讲武学校时年仅19岁。这座学校位于广州小北登峰路北郊场广东陆军医院旧地。学校的课堂、食堂、浴室、寝室都是临时用棕叶、竹篾搭建的，所有学生就生活在这个简陋的学校里。左权刚到这里就患上了脚气病，奇痒难忍，越抓越疼。湖南人初到这个"三冬无雪，四季常花"的城市里，水土不服，病疫流行。学校里每餐都供应花生米煮蚕豆，给湖南人治疗脚气病。

第一期400多名新生，入校后编为四个队。文化程度较高的中学生，大多被编入军官一、二队，从湘军、滇军找来的下级军官和军士，编为三、四队。左权被编入了军官第一队第一区队。学校以培养具有一定指挥能力的连排军官为目标，开设一系列军事课程，各科并重，以战术、筑城、兵器、地形、交通为主；在学习和操练过程中，左权掌握了步兵操典、射击教范、野外课务以及战术、兵器、筑城、地形等军事科学知识。每当学兵们全副武装跑步去黄花岗演习，左权常常被指令示范演习，往往受到第一队队长廖士翘和教育副官张克侠的称赞。

讲武学校的军事教官大多是保定军官学校步科或特科班毕业的。他们的军事教育带有旧军队的习气，对学员的管教十分

北伐敢死队

严酷，训练生兵们经常用体罚的方式，若发现学员在操场或野外有违规的事便不由分说地用刀背砍人，或是拳脚相加。有时候会无故让学生们罚跪、罚站、罚跑步、打手板，采取棍棒教育方式，要求学员绝对服从。不准学员和外界有所接触，连报纸也不准看。野外演习、战术执行就像猜谜一样进行，学员们纷纷抱怨不平，而左权为了操练野外战术技术，培养自己指挥的能力，有时会约了同学在野外进行战斗演习，这种越轨行为的后果就是参与者全副武装绕着北郊场跑步，跑得上气不接下气，直到不能动弹为止。

这样严酷而野蛮的军事训练方式让许多人忍受不了，转而考进了黄埔军校。左权周围许多同学都投奔黄埔军校去了，但是左权认为自己的学校还是有许多可取之处的，他与张克侠、陈明仁、左纪棠等二十余人成立了一个社团。时值盛夏，讲武学校里的池塘里荷叶盈盈，左权想起了《爱莲说》：予独爱莲之出淤泥而不染，濯清涟而不妖。中通外直、不蔓不枝，香远益清，亭亭净植，可远观而不可亵玩也。于是左权将社团取名为"莲社"，希望出淤泥而不染，不同流合污。

对左权在大本营陆军讲武学校的这一段生活，周恩来在《左权同志精神不死》一文中有所论及："左权同志，湘人，早岁习军事于广东湘军讲武堂，时湘军在谭祖庵、程颂云两先生领导下参加国民革命，故有讲武堂的训练组织，颂云先生实之为长。讲武堂中多为二湘七泽间子弟，以湖南的革命前辈训练湖南的革命青年于革命策源地广东，真所谓相得益彰。左权同志的革命信念便由此而起。"

1924年9月13日，孙中山率领军队由广州出发进行北伐。之后陆军讲武学校经费非常窘困，加上落后的棍棒式教育使得学员纷纷要求和黄埔军校合并，最后左权和学校里最优秀的几个同学一起转入了黄埔军校，黄埔军校将他们编入第一期第六队。

黄埔军校坐落于黄埔长洲岛上。黄埔本是一处海防要塞，四面环水，相对安静，孙中山亲自选定这里选为校址。黄埔军校的校长是蒋介石，在黄埔军校中既有国民党人也有共产党人这所军校共产主义和三民主义思想都可以流行，军校训令明确规定，社会主义、共产主义、马克思主义的书籍学生都可以阅读。左权除了阅读《三民主义浅说》《帝国主义》《国民革命概论》这些书之外，还接触到《苏联研究》《社会进化史》《社会主义原理》等书。

左权进入黄埔军校以后学习更加刻苦了。学校组织野外训练和夜间演习，左权都能临场不乱，表现出色，他每门课程都能拿到优秀的成绩，得到了教官们的一致好评。

左权转入黄埔军校的同时，周恩来也到这里来任职政治部主任；他是应孙中山、廖仲恺的邀请，被中国共产党委派到黄埔军校主持政治工作的。周恩来到学校之后，推行了列宁创造的红军经验，创立了一套政治工作制度，设置了课程训练计

黄埔军校武汉分校

划，增加了教员，聘请常任政治教官，开设政治训练班，发行期刊、专刊、文集等，一时间军校内兴起了研讨政治、关心社会的学风，左权在这时认识了蒋先云、周逸群等人，也结识了周恩来，周恩来对这位刻苦勤奋，年轻有为，满怀爱国热情的学员十分赞赏。他向左权讲述了中国受到列强压迫军阀蹂躏的现状以及各地革命形势的发展状况。在周恩来的影响下，左权的思想发生了变化，明白要拯救国家解放人民就要革命，建立革命军进行武装斗争，反抗军阀和列强侵略。1925年2月，左权在周逸群的介绍下加入了中国共产党，这是他人生中的一个重要转折点。从此他将满腔的热血都投入到了革命之中。

在左权入党的同时，他加入了王一飞、徐向前、周逸群等人领导发起的中国青年军人联合会。黄埔军校许多教职工都参加了这个组织。它是以军校中的中共党员为骨干，联合其他进步军人建立起来的左派组织，很快它就扩散到了其他学校和军校，甚至有了全国各地的会员，总人数达两万多。而国民党右派暗中支持一些人成立了孙文主义学会，以此来牵制中国青年军人联合会。这两大组织开始暗地里的斗争，这时左权才真正体会到了斗争的含义，并决心以一名共产党员的身份为自己的政治理想而斗争，推动国共合作，实现国民革命的理想目标。从此，黄埔军校不仅仅成了国民党的人才基地，也成为中国共产党骨干的培养基地。

1925年初，盘踞在广州、惠州、潮汕一带的军阀陈炯明在帝国主义和段祺瑞政府的支持下，企图占领广州，推翻革命政权。由孙中山领导的广州革命政府决定东征。

左权随军校学生参加了东征。东征军分为左、中、右三路，周恩来率领黄埔学生担任右翼主力。左权所在的第六队学生到达惠州淡水后，学校正式宣布学员毕业。左权被分配到黄埔军校教导团，先任排长，不久升任为连长，在围歼陈炯明王牌部队的战斗中，他多次冲锋陷阵，战功累累，受到周恩来的嘉奖。但是正当东征军捷报频传的时候，在广州的滇系军阀刘震寰和桂系军阀杨希闵发动了军事叛乱，企图推翻广州革命军政府。东征军不得不放弃趁势追击陈炯明军阀，连夜赶回广州镇压叛乱。

6月11日清晨，黄埔军校教导团在白云山、龙眼洞一带与平反军主力展开了激战，双方打了整整一天都未分出胜负。第二天黄埔学生重新调整部署，组成了一个游击部队，由张治中率领，身为连长的左权提议集中力量，抄敌人后路，前后夹击的战术，配合大炮攻打敌军，采用了左权的建议，由左权率领的连队冲在最前面作为先锋队。叛军大败，敌军赵成梁被炮弹炸死，杨希闵率残军仓皇逃回广州。由于左权在镇压叛军的过程中战功显赫，受到了通报嘉奖，不久被调到以程潜为司令的攻鄂军司令部卫队营当连长。

在东征军镇压刘杨叛军的时候，陈炯明卷土重来乘机重新占据了整个东江地区。为了彻底消灭陈炯明的势力，广州革命政府决定第二次东征。周恩来任东征军总指挥部政治部主任，程潜的攻鄂军此时已被编入了国民革命军第六军，此次作为东征军第三纵队，负责右翼。身为卫队营连长的左权随纵队司令部参加了第二次东征。

10月14日陈炯明的老巢惠州被东征军攻克，左权所在的第三纵队进驻惠州城。司令部设在东门街旧督办公署。左权带领全连官兵担任了司令部的警卫工作。此后东征军一鼓作气趁势追击。于11月初收复整个东江地区，至此陈炯明军队被全部歼灭。

在从军的一年多时间里，左权先后接受了讲武学校和黄埔军校的严格军事训练，多次随东征军出战，战功累累。他的军事能力和政治理论素质得到了极大的提高。在黄埔军校期间又光荣地加入了中国共产党。左权已经从一个稚嫩的热血爱国青年变成了一个有着坚定共产主义信仰和丰富作战经验的军事将领了，这为他今后的军事生涯打下了扎实的基础，带领红军和八路军多次赢得战斗的胜利。

1925年3月12日孙中山逝世，苏联在这年夏天建立了纪念孙中山的孙逸仙中国劳动大学（后来的中山大学），专收中国留学生。10月中山大学正式在中国招收第一期学生五百人。由国民党中央政治委员在广州招收一百五十人，各部队各地方报送若干人。除了中国共产党选派一部分党员去学习外，大多是国民党中央的高级将领保送的国民党青年党员。当时蒋介石就保

孙中山

送了二十名。攻鄂总司令程潜也保送了十名，其中就有左权、陈启科、李拔夫等人，他们被保送到了莫斯科伏龙芝军事学院学习军事。为了学习俄文，他们又被送去中山大学学习。

1925年12月初，左权和伙伴们一起跨进了北上的船舱，几声汽笛鸣响之后，轮船便出发了。他们经过上海到了海参崴，苏联方面派专人来接他们，免费给每个人发了车票。大家又坐上了开往莫斯科的火车。在西伯利亚铁路上走了两个星期，终于到达了莫斯科。

中山大学位于莫斯科市内一条十分热闹的瓦尔芬柯街上。学校大楼是一座规模相当大的四层建筑，学校前面有皇家大教堂，附近的广场便是学校的操场。左权他们的寝室里的卫生、暖气、床铺都十分齐全。学校图书馆条件很好，是左权最爱去的地方。

左权到苏联时，正值苏联国民经济恢复，医治战争创伤的历史时期，在苏联共产党的领导下，整个国家一派欣欣向荣的景象。左权深深感到中国应该走和苏联一样的道路，走十月革命的道路。面对新的生活，左权充满了信心。

进入中山大学后，由于学习交流都要用俄文，他给自己取名为拉戈金。左权被分配在第一期第七班，这里有许多中国共产党优秀的干部，包括邓小平、沈泽民、屈武等都是左权的同班同学。他们在中山大学主要学习政治经济学、唯物史观、十月革命史、世界革命史，还有俄语课。讲课的都是苏联其他各个大学调来的教授。左权在中山大学遇到的第一关就是俄语关，听课都是要通过翻译来的。图书馆里的书也大多是俄文的，为了听懂俄语课、阅读俄文书，左权拼命攻读俄语。他抓紧一切时间来学习，吃饭时、走路时甚至是上厕所时也都在学习俄文，他还时常向比较有语言基础的邓小平请教，常常废寝忘食。经过一年多时间的努力，左权终于过了语言关，上课能直接听懂俄国教员老师上课，同时也读了不少马克思、恩格斯、列宁、斯大林的著作。

在中山大学的生活学习都是免费的，连看电影、看戏剧学校也会统一发票。除了每月必需品免费外，每月学校还发给每个人十二卢布的零用钱，学校甚至怕中国学生吃不惯面粉，还安排每星期提供一次米饭，可以说左权在俄国的学习生活环境十分难得，正是这样的学习环境使他能够不遗余力地去学习。

这样学习生活持续了两年，国内便传来蒋介石在上海叛变革命的消息。左权和他的同学们纷纷义愤填膺地声讨蒋介石，其中就有蒋介石的儿子蒋经国，他甚至公开表示不再认蒋介石为父亲。之前苏联有一派认为中国革命是反资产阶级的革命，并且反对中国共产党加入国民党，反对国共合作。但是左权和他的一些同学们并不这么认为，为此他们特意写信想请教斯大林。斯大林也非常关注中国的革命，于是在一天下午到中山大学与同学们直接交流。

莫斯科中山大学

1927年5月13日下午，斯大林走进了中山大学学校礼堂，场上顿时响起了隆重的掌声。斯大林以他洪亮的声音开始了他的讲话，左权和大家一样非常认真地听了起来。

　　斯大林讲了中国革命的十个问题，他讲道："说马克思主义在原则上不认可几个被压迫的革命阶级联盟的政党，说加入这种政党对于马克思主义在原则上是不允许的，这是不对的。事实上马克思主义不仅承认了，而且还继续承认马克思主义者加入这种政党在原则上是可容许的。"同时斯大林肯定了之前中国共产党加入革命的国民党的必要性。他还指出无产阶级必须要拥有自己的政党。斯大林运用马克思列宁主义的观点来解释中国革命的若干问题，使得左权受到了深刻的教育，驱散了心头的疑云，更加坚定了马克思主义信仰。这次斯大林和中山大学学生的谈话，给左权留下了终生难忘的印象。此后好长时间内左权和他的一些同学都在认真谈论中国革命的问题。

　　不久之后国内又传来消息：汪精卫在武汉公开背叛革命，轰轰烈烈的大革命失败了。此时的中国革命进入了低潮，但是左权没有退缩。当中山大学中一些同学对共产主义开始产生动摇甚至脱党时，左权却毫不动摇，还说服其他同学坚定自己的信念，表现出了一个共产党员应有的革命坚定性。

　　这年冬天，左权从中山大学毕业。左权、陈启科、屈武等又被送到莫斯科高级步兵学校学习，这里是专门训练师、团、营等中级军事指挥员的地方。这所学校设立在莫斯科城郊东北角的红色兵营，在沙皇时期就是军事学校集中的地方。除了左权他们几个从中山大学转来的一批中国留学生，还有刘伯承在南昌起义之后带来的一批中国留学生。编在第十六班，共有三十多人。这些学生中的共产党员成立中共支部，以唐赤英为支部书记，刘伯承、张西林等为支部委员。

刘伯承早年是川军的著名将领。左权在国内就听说过他英勇善战的威名。这次被编在同一个班级里左权感到十分高兴，他主动与刘伯承攀谈，和他分享自己在苏联学习情况和在苏联的见闻，向刘伯承请教实战经验。他俩共同学习军事知识，互相探讨革命理论。很快两个人就成为亲密无间的好友。

学校的课程有战略学、战术学、地形学、射击学等，教官每天讲5个小时，其余时间都自修。这时，刘伯承就成了左权当然的老师，常常联系自己的实践经验给左权讲解，而左权掌握了俄文后读了大量的马克思主义著作，对于刘伯承也有所增益。他俩志同道合，很合得来。

1928年秋季，左权被调到伏龙芝军事学院也叫陆军大学学习。伏龙芝学院是苏联最高的军事学府，培养的都是军队骨干。学院的中国班只有六人，他们是刘伯承、左权、屈武、黄第洪、刘云、陈启科。当时六个人都是中国共产党党员，成立了一个支部，刘云任支部书记。

军事学院开设课程主要有战略、战史等，左权的学习更加系统，更加扎实了。凡是教员指定的参考书籍，一定会认真阅读，并且圈出要点，所以在军事政治考试中总能取得比别人更好的成绩。同时他也对国内敌后战场分析，撰写军事论文，他刻苦学习的精神和谦虚谨慎的太多让教员和同学们称赞不已。经过在苏联4年多时间的学习，左权掌握了丰富的军事知识，为后来在中国革命战争和抗日战争中贡献自己的力量奠定了坚实的基础。

"九一八"事变时的日本军队

三、奔赴闽西

　　1930年5月，左权、刘伯承、刘云、陈启科、屈武、黄第洪从伏龙芝军事学院毕业，奉命启程回国。为了省时省钱，他们穿越了中苏边境到了哈尔滨，又坐铁路到达大连。准备搭乘轮船回上海。

　　当时东北已经沦陷在日本侵略者手中，铁路附近到处都是护路的日本警察，他们还遭到了日本警察的盘查。左权看到日本不仅武力占据了东北，还想在商业上侵占整个东北市场。日本的面纱、棉织品、机器工具、鸦片等等都往东北倾销。日本人像吸血鬼一样吸取着东北的血液。从童年时代起，左权就受到了反对帝国主义的教育。眼下东北的现状让他迫切想加入到抗日的队伍，将外国侵略势力赶出中国。

　　8月，左权一行人到达上海。中共派联络员曹蕴玉与他们接头。左权被安置在新民旅馆里。同学傅钟来见他，傅钟是左权在莫斯科中山大学的同学，于1929年回到上海担任中央军委委员，通过傅钟左权得知上海的敌情很复杂。这里驻有美国、法国、意大利的海军陆战队，英国陆军和日本水兵，公共租界和美、英两国的租界里鱼龙混杂。国民党在上海也有军队、警察、宪兵。另外还夹杂着杜月笙、张啸林、黄金荣的黑帮势力。而这些势力都是反共产党的，革命党人到处被抓捕，被残酷地杀害。

左权也在国民党搜捕名单之中，他得知黄埔军校第一期第三队的吴乃宪正在搜捕他。吴乃宪是蒋介石在上海的爪牙，专门逮捕黄埔军校的中共党员。左权深知革命不免会以牺牲为代价，便给母亲写了一封信，信上说："我虽回国，却恐十年不能回家，老母赡养，托于长兄，我将全力贡献革命。"并将从苏联带回的两箱俄文书籍邮寄回家。

8月，中共中央和中央军委做出决定，刘伯承留在上海担任军委委员，和聂荣臻、傅钟等参与军委机关的日常工作。陈启科去重庆、刘云去武汉。左权去闽西苏区担任中国红军军官学校第一分校校长。

之后左权离开了上海，来到厦门，找到了福建省委交通站，和福建省委书记罗明接上了头。在省委委员的掩护和护送下，左权从厦门过漳州，进入闽西工农民主政府所在的龙岩县城。

龙岩是闽西的重镇，它位于九龙江的上游，周围群山环抱，江河重重，自古便是兵家必争之地。随着朱德、毛泽东率领红四军进军闽西，攻克龙岩城，它便成为闽西的军事、政治、经济、文化中心。

左权进入龙岩的时候正是闽西苏区的全盛时期，他任职的中国红军军官学校第一分校刚刚成立不久，教官、教材都没有定下。原来拟定录取1000名学员，实际只有300人。左权到任不足1个月，就被派到中央工作，于9月进入中央苏区。11月中央召开了总行委、二十一军军委、红校校委联席会议，决定成立工农革命委员会。左权在这次会上出任了刚刚成立的工农革命委员会常委，负责统一指挥军队，集中力量。会议结束后左权奉中央指示，在12月20日回到龙岩，立刻召开工农革命委员会的常务、军务、政务3部会议。传达中央指示，贯彻"巩固苏区，与东江苏区打成一片"的战略方针。

在左权开始着手整编闽西武装时，他发现部队士气低落，情况不容乐观。左权在清点部队时，发现原有的二十一军实际只剩下了两个纵队。战斗兵员仅有400余人，枪800支，还出现了"有枪无人"的现象。左权对此做了深入的调查，并向中央和南方局写了一份书面报告，报告中指出：闽西局势的逆转，主要是"闽西红军因机械地执行了东江发展的路线，而在策略上犯了军事观点的错误。"当时闽西红军主力为红二十一军。左权在报告中明确指出了红二十一军的武器装备不足，结果刚刚组建完毕便被命令向东江发展，试图以广州为中心，促成闽粤桂三省总暴动。红二十一军人数比敌人少很多，不注意保密和群众工作，左权总结二十一军失败教训，严肃指出：在没有党以及群众组织的地方，不要轻易作战，不明敌情，绝不作战，没有十分把握的战斗不应该打。

在左权给中央调查报告和总结的基础上，闽西总行委对红二十一军和红二十军进行了改编，共编为三个团，全军共计3000余人，2000支枪，番号为新十二军。闽西红校的200多名学员提前毕业，派到新十二军任连排干部，新十二军由左权任军长、施简任政委、宋铁英任参谋长、李立一任政治部主任。

鉴于原二十一军在军事上的失败，左权决定集中新十二军向周围地区发展，深入开展土地革命，在此基础上建设政权。左权积极筹集军需品，如地图、望远镜、指南针、制定作战计划等等，拟定消灭周围的地主武装，然后再向平和、山城前进。他还要求省委多派人在漳州、山城等处成立交通站，派出侦查，掌握敌军动向。当得知张贞企图配合蒋介石的第一次围剿攻击龙岩，他指挥新十二军和闽西的赤卫队用游击运动战的手段，牵制袭扰敌人，配合中央苏区红一军团、红三军团反"围剿"作战。

在正确的军事思想指导下，在红军将士的奋勇战斗下，蒋介石发动的第一次围剿失败了。蒋介石于1931年2月发动二十万军队进行第二次围剿。根据中央苏区紧张的军事形势，左权被调往红一方面军"总前委"担任参谋处处长。从此左权开始了卓有建树的参谋工作。

蒋介石调集二十万军队兵分四路向中央革命根据地发动了第二次大规模的围剿。红军三万余人，在毛泽东、周恩来的指挥下，诱敌深入，以少数兵力结合地方武装迟滞、消耗、疲惫敌人。主力则伺机歼敌，取得了反围剿的胜利，消灭敌人三万余人，缴获枪支两万余。而左权在第二次反围剿中充分发挥了自己的军事才能，在方面军总司令部管作战计划工作。对于他细致的工作毛泽东和朱德给了很高的评价。不久左权不仅是参谋处处长还担任了总部特派员，处理伤员、药品、枪械、俘虏等问题。

1931年7月，蒋介石又调动了三十万人马自任总司令发动了第三次围剿。由毛泽东指挥的红一方面军采取避其主力、攻其虚落的作战方案，连续取得了三场胜利，蒋介石气急败坏，下令所有军队向北陂进攻红一军主力。朱德、毛泽东召开会议，决定由左权带领十二军三十四师和红四军十师追击逃敌，全部红军在一个钟头内全部撤离。

左权率领两个师立即行动，红军主力离开黄陂向于都方向转移。左权率领两个师从宁都经闽西再回兴国，牵制敌人；同时派红十二军向乐安方向佯动，诱惑和调动敌人，主力红军穿越群山，从敌军之间二十里的间隙之中秘密穿过回到了兴国地区休整。两只佯动部队完成牵制任务之后胜利会师，当天晚上就召开了一个联欢晚会。在晚会上，罗辉斌军长说道："红三十四师和红十师在左权参谋长的率领之下，胜利回到了根据地。"蒋介石的部队寻找红军主力一再扑空，被拖得人困马乏、精疲力竭。只好无可奈何地下令撤退了。

1931年12月，左权在瑞金叶坪参加了中华苏维埃共和国临时中央政府军事革命委员会会议。会议由朱德主持召开，叶剑英做记录。会议听取了国民党第二十六路军赵博生、董振堂派来的代表袁汉澄汇报他们在宁都准备暴动的情况。大家分析暴动成功的主客观条件，研究暴动万一失败要采取的对策。

会议决定让红四军在会同方面机动予以支持，还派王稼祥、刘伯坚、左权作为中革军委的代表，携带电台到宁都、石城交接的固厚交界处负责具体的联络工作。左权三人来到当时澎湃县苏维埃政府的所在地固厚，立即投入到紧张的工作中，部署部队策应，组织群众欢迎等。12月14日，国民党军第二十六路军的一万七千多官兵暴动成功了。第二天起义军队伍开到了中央革命根据地固厚，刘伯坚和左权欢迎他们的到来。宁都起义部队改编为中国工农红军第五军团，左权被任命为红五军团十五军政委。随后，红五军总指挥部和十五军部队进驻瑞金九堡一带，开始了整编工作。

左权为了起义官兵尽快了解红军的性质与任务，深入连队讲课，组织官兵参观红一军团的部队，讲解红军的宗旨，抓住一切机会广泛进行政治宣传。他在部队中努力贯彻党的方针政策，实行官兵平等。与此同时成立了士兵委员会，在战士中间发展党员，还建立了党小组。经过一段时间的整训教育，部队面貌焕然一新。红三、五军团回到根据地以后，中革军委决定对一、三、五军团实行分编，红十五军归红一军团指挥，随后，左权率领红十五军参加了东路军入闽作战。4月9日红军东路军进军抵达龙岩的大池。在大池左权参加了东路军总部军事会议。会议在充分研究了闽西敌人军事部署之后，决定先占据龙岩西北的门户考塘。

10日凌晨，东路军各部队向大池隐蔽前进。龙岩当地的游击队向民团发动佯攻，造成错觉。由于红军进军神速，加上群众工作做得好，敌军竟然毫无察觉。左权率领第十五军担任前锋，趁敌人麻痹大意，迅速消灭了驻守东西岩以西的敌前哨民团击毙了敌方营长叶扬渝，斩断了考塘敌人的触角。而后东路军兵分三路全歼守敌一个团，当日下午红军以锐不可当之势，迅速解放了龙岩。

漳州敌军主力主要在外围天宝、南靖一线防守。东路军以红四军在左主攻天宝阵地，红十五军在右为助攻。19日拂晓，左权亲自率领第四十四师为先头部队，佯攻宝林，配合主攻部队扫清沿途各点敌人。下午三时，在左权和黄中岳的指挥下，红十五军用猛烈的炮火对南靖县城发起了攻击，守敌慌忙逃窜。左权进占南靖后，随即与占领天宝的红四军左右横扫，前后夹攻，占领了漳州。这场战斗的胜利充分体现了左权出奇制胜的军事指挥战术，巩固发展了闽西革命根据地。

东路军胜利后，左权被任命为红十五军军长兼政委，军部设在南靖。在他的领导下，各师有条不紊地打扫战场、搜集战利品，维持军队秩序，发动群众打土豪、分田地。左权亲自给部队上课，宣传党的政策，教育干部战士遵守群众纪律。红十五军军纪严明，得到群众的一致拥护。

1932年底，蒋介石在第三次围剿失败后，又发动了50万人的兵力围攻中央革命根据地，蒋介石亲自跑到南昌组织督阵。左权在这次反围剿中被调到了中央革命军事委员会第一局任参谋。他奉命召集师长团长一起研究作战方案，一起到登仙桥一带的山林中勘察地形，确立伏击阵地，部署兵力，作战计划十分严密。敌人的两个师就此落入了红军的口袋阵中被全部歼灭，师长还被活捉。

这场战斗胜利后，红一方面军迅速转移，由于红军和根据地人民群众严密封锁消息，敌人不知红军去向。周恩来、朱德一面以红十一军佯装主力，分散敌人；一面带领主力秘密北移寻找战机。左权密切注视敌情的变化，及时向首长汇报可行的方案和战场情况。经过精心的准备，红一方面军又在草台岗地区打了大胜仗。

这一时期左权总结反围剿斗争中的教训，他在红军军校政治部编印的《革命与战争》刊登了《清流战斗的教训》一文，左权在文中写道："指挥与指挥组织，在战队中占了极重要的位置。没有好的指挥，便不能发扬自己部队的力量，不能战胜敌人。没有好的指挥，便不能发扬自己部队的力量，不能战胜敌人。没有好的指挥组织或组织不完善，也不能按指挥者决心去实现。在这次清流战队中有些干部同志犯的也正是这个错误。"他还总结道："马克思教我们战争是艺术，但我们这次战斗却不符合这一伟大的指教。我们努力学习这一次战斗的教训，在提高军事技术，学习军事技术口号之下，加紧我军事技术的准备，造成战斗中之熟练工人。"

同年5月，左权被任命为中革军委第一局副局长，协助局长张云逸负责作战局的工作，秋天张云逸因病离职，左权被上调为第一局局长。当时正值第五次反围剿，部队行军作战频繁，参谋部门工作复杂，需要参谋经验丰富的干部来主持，左权又被任命为红一军参谋长。

在红一军，左权为了加强情报工作，筹建司令部侦察科，调红二师政治部的组织科科长刘忠为侦察科科长。军团司令部原有一个便衣侦察队，也归侦察科领导。左权指示他们，根据侦查了解的情况每半个月要发一次敌情综合报道。刘忠第一次起草通报，不知道如何写起。好不容易写了一份初稿交给左权审阅，左权认真地对初稿做了修改，在上面密密麻麻地改了许多。刘忠深刻体会到了左参谋长的一丝不苟和对下属干部的关怀。左权还鼓励刘忠："第一次写成这样已经不错了，以后慢慢学，写的多了就会好了。"刘忠逐渐摸到了要领，之后的错误越来越少了。

蒋介石总结四次反围剿的失败，他在政治上实施了法西斯统治，在军事上采取持久战和堡垒主义新战略，企图采取逐步推进压缩红军的活动空间，寻求与红军主力决战。结果红军苦战两个月反而陷入了被动的地位。红一军团连续打了几个败仗，损失惨重，被迫后退。

鉴于红军被动的局面，左权参与起草了《关于用运动战消灭敌人的建议》。建议指出，红一军团防线太长，工事处处设防，但却处处薄弱。建议今后不要各处修工事，应力求在运动战中消灭敌人。可惜这一正确的建议在当时并未被采纳。

随着部队的伤亡越来越大，不断有新鲜血液流入红军，但都是一些未受过军事训练的农民、工人，连枪支都用不来。为了训练这些新兵并且把他们融进队伍，左权花了很大的功夫。他指出应抓紧一切时间进行战士们的训练，新战士分配到连队之后，应立即把新战士与老战士以班为单位混编起来。使他们能够受到老战士的影响。同时连队中首长应发动各班的老战士主动帮助新战士的学习，并指定班中一两个老战士负责帮助某个新兵的训练。

这段时期，左权为挽救不利形势做出了很大的努力。9月初，左权参与指挥福建连城温坊地区的战斗，采取了运动战的方式，利用有利地形攻打敌人，同时一部分兵力迂回敌后，截断了敌人的退路。最终歼灭了敌军主力。这一战，共歼灭敌军四千四百多人。

局部的胜利不足以弥补整个战局的不利，第五次反围剿最终失败了。红军主力不得不走上了战略转移的漫长道路。在左权担任红一军团参谋长以来的九个月，一直尽职尽责地做着参谋长工作，他把全身心都投入到了工作当中，甚至在梦中也梦见自己在指挥战斗。

四、万里长征

1934年10月，红一方面军的第一、第三、第五、第八、第九军团，以及由中共中央和中革军委机关编成的第一、第二野战纵队共八万余人从福建长汀、宁化和江西瑞金、于都地区出发，开始大规模的战略转移。红一军团作为左翼，红九军团、红三军团作为右翼，后面跟着红八军团。

为配合部队行动，左权命令侦察科长刘忠率领军团侦察队渡过赣江侦察敌人的兵力配置，查明工事，弄清地形，汇成战略图。左权听取刘忠的情况报告后，指示侦察部队转到韩坊、安西一带活动。10月21日，一军团突入信丰境内，接近敌人的第一道防线。敌人的第一道防线设在安远、信丰、南康、赣州之间的公路上。红一师与敌人相遇后，由于前期情报工作到位，很快袭占了新田，红二师六团攻克金鸡。10月22日，围攻版石圩，击溃敌人第一师第三团和教导团。红军部队直插信丰以南的正平，佯攻南雄。红三军团齐头并进，顺利在南雄、大庚两县之间渡过漳水，翻越华西山。红二师六团打开了第二道封锁线的突破口。

左权和先头部队的战士们一样每天行军近百里路，他还得瞻前顾后，前面要指挥侦察部队和先头部队，后面要顾及十五师对中央军委纵队的掩护。突破第二道防线以后，部队的行踪已被敌人掌握。左权命令刘忠将军团便衣侦察队化装成国民党部队，一方面侦察，一方面迟滞敌人。刘忠占领乐昌县以东的九峰山后，绘制了地形图派参谋送给左权，左权下达命令：坚决控制九峰山。

四团接到命令后连夜奔袭，激战一整天终于抢占了九峰山，掩护九军团和中央军委纵队从九峰山以北顺利西进。

红军突破第二道防线后，蒋介石调动湘粤部队20万人，在宜章、耒阳之间构成了第三道封锁线，企图将红军消灭在粤汉路以东、赣南以西地区。这时，红军失去了前段时间行动的突然性，陷于敌人的前堵后追、左右夹攻之下。为防止红军迂回包抄侧后，敌军将兵力不断向两翼延伸，正面力量反而削弱了。左权命令红一军团集中力量攻打白石渡的正面防线，击溃敌人两侧夹击的部队，迅速西进。11月13日，红军主力在侧翼军团的掩护下从敌人防线中间迅猛突围。

红一军团的战士大多是江西和福建人，现在远离本乡本土，每天都是不停地行军，越走越远，也不知道什么时候是个尽头，战士们不免会有低落的情绪。左权体察到这种难以言状的氛围，他深知在军队转移过程中战士们往往会有消极的情绪，容易丧失对指挥员的信赖，甚至对自己也丧失信心。因此左权决定利用部队在白石渡停留一天的机会，用湘南人民的革命热情来振奋部队。当时在白石渡附近修筑粤汉铁路的工人有三四千人，大多是湘南破了产的农民。他们在工头的严格监管下做着重活但却拿着微薄的工资，连自己也难以养活自己。左权率领战士们挑来大米、猪肉、小菜对工人们进行救济。在左权的感召之下，这些工人都纷纷愿意加入红军。红军每到一处，每打一仗都会壮大一次就是因为红军善于做好群众工作，替工农群众着想，从而赢得了广大人民的拥护。

冲破第三道防线之后，红军分左中右三个纵队西进。蒋介石重新调遣部队集结在南昌，任命何健为追剿总司令，指挥16个正规师，20多万人马，分五路堵截红军。此外桂军主力和全州、黄沙河一带的刘健绪各部构成对红军的钳形夹击攻势。红军乘蒋介石追剿部队的钳形攻势尚未成型迅速向西进发。左权抵达临武时，命令侦察科长刘忠化装为国民党的侦察分队走在前面，查明湘江各个渡口的敌情，及时向中央军团司令部报道。侦察部队每天都要急行军，走夜路，探敌情，化装成国民党侦察部队后如入无人之境，没有敌人发现他们的行踪。因此，左权不断得到最新最全的敌情，得知"蓝山无敌，迅速前进""道县无大敌"。

道县在潇水的西岸，是红军西进的必进之路。敌人的十几个师尾随着红军，打算从侧翼和后方的追击。横在红军前面的湘水和潇水就是堵截红军的天然屏障。刘忠侦察得知道县无大敌之后，军团司令部命令红二师以急行军奔袭道县。二师四团主攻道县，五团迂回策应。全军团主力日夜兼程猛进。

自出了根据地以来，红军沿着五岭山脉北麓西进。五岭山绵延在湘、赣、粤、桂四省边境，赣江、北江、潇水、巫水、寻江发源于此。众山绵延，水势汹涌。山地逶迤陡峭，四面环山，很多地方连路也没有。白天红军要提防敌人的飞机侦察和追兵，晚上也得加紧赶路，走的路都是人迹罕至的地方，泥路上杂草丛生，石路上青苔遍布，秋雨一下，路上便滑溜溜的。脚下总是刹不住车，红军战士们得十分小心地在山路中行进。四周密密麻麻树林遮住了月光，使得道路更加昏暗，上山下山全凭感觉。左权本来有一匹骡子代步，但是他把骡子给了伤员，自己则和大家一样走山路上。鞋子早已磨破不堪，脚上都是血泡。在这种艰苦的环境下左权一直坚持和战士们同甘共苦。

除了行军的艰难，战士们遇到的难题还有瞌睡。由于一天中大部分时间都在行军，不分白天黑夜，战士们睡眠严重不足。有的战士走着走着就打起瞌睡来了，实在是困得不行。为了不掉队，战士们不得不你抓我的背包、我抓你的腰带互相牵扯，实在只吃不下去了就互相靠着打点瞌睡，要走则走，要停则停。部队太多，山路拥塞。走路不像走路，休息不像休息，一路人困马乏。有的人迷糊一下就掉队了。尤其是十五师的战士们，当初是由1万多名共青团员和少先队员组成的，然而刚建立一年多就参加了多次苦战，这次又担负着掩护红军总纵队的任务，为了快速突破敌人的防线，他们不得不昼夜兼程，走得快就是胜利。左权对这些战士们的苦处看在眼里，疼在心上。

18日，红一军团占领了道县，前锋向湘江高速前进。而蒋介石的追剿部队还在后面紧追不舍。

一条防线的坚固程度，决定于它最薄弱环节，敌人重兵云集，何处是缺口，决定前进的方向。左权分析认为湘江北岸防线主要是以湘桂两省地方部队为主。自北伐以来经过东征、西征，两支军队曾有过互相攻击，彼此互打算盘。敌人战线长纵深短，缺少纵横方向的弹性。只要利用敌人的矛盾，挤开一条缝就能冲出去。红一军团即以一部佯攻龙虎关，摆出进击桂林以东的恭城、乐平的姿态。李宗仁、白崇禧唯恐红军深入广西危及自己的地盘，又怕蒋介石的军队尾随红军占领广西。因此红军入桂或蒋介石入桂对于李宗仁和白崇禧来说都不是好事。于是桂军放弃了兴安、灌阳一带的防线。红一军团立刻采取"两翼分割，中间突破"的战略，把堵在前面的敌人打垮，把两侧敌人隔开，把后面的敌人甩掉，掩护主力和中央机关突围。左权指挥先头部队在全州、兴安之间涉水渡过湘江，控制了界首到绝山铺一线的渡河点，并在鲁班桥、绝山铺一带的小山岭上设防，掩护主力渡过湘江。

11月底，红一军团为了完成了掩护中央纵队突破敌人第四道封锁线渡过湘江的任务，与敌人在绝山铺附近的米花山、美女梳头岭、黄帝岭展开激烈的战斗，为了保证顺利渡过湘江封锁线，战士们在茂密的松林间和敌人展开了搏斗。

炮声隆隆，杀声震天。12月1日敌人的迂回部队达到了红一军团指挥所的门口。当时指挥所设在一个山坡上，首长们正在研究作战计划，左权还在一边吃着饭。敌人就端着刺刀冲上来了。左权立即丢下饭碗和将士们一起奋勇杀敌。聂荣臻和其他军团领导一面组织部队撤收电台，一面命令警卫排长联络山坡下的部队，由于采取了及时果断的措施，才使得红军避免了更大的损失。

中央红军突破湘江后，蒋介石重新调整部署，向黔阳、洪江地区转移兵力，企图歼灭红军于北上湘西的路上。在千钧一发之际，毛泽东决定放弃原定的与红军第二、第六军团会合的计划，改向国民党统治力量薄弱的贵州前进。中共中央政治局在黔东黎平召开了会议，接受了毛泽东的建议。

贵州地势复杂崎岖，下雨连绵，山上杂草丛生，但却很少有树，翻山越岭想找个抓手都不容易。淅沥沥的下雨夹杂着寒气吹来，战士们都冷得直打哆嗦。雨天泥泞路滑，有时一天走100多公里，鞋底都穿透了。大部分同志脚上磨得血肉迷糊。

这时湖南、广西两个方面的敌人，从左右夹击而来，前面又有王家烈围追堵截，中央红军必须抢渡乌江。12月25日，左权奉命率红一军团先头部队赶到施秉县的一个村庄。中央军委来了指示，由左权统一指挥部队迅速占领施秉县县城。左权马上叫来了侦察科科长刘忠。

由于连续几天马不停蹄地赶路，刘忠实在又累又困。这天刚刚躺下要睡一会儿，左权就来到了刘忠的住处。左权看到刘忠睡眼迷糊的样子，内心非常清楚这些侦察员们的辛苦。于是左权对刘忠说："你们很辛苦，应该好好睡一觉。但是现在不能休息，因为施秉县城的敌情还没有弄清楚。你们要连夜出发，天亮前占领施秉城东山。"刘忠深知部队的疲劳，于是他向左权请求道："报告参谋长，战士都累坏了，休息两小时后再走可以吗？"

"不行，马上出发！"左权的语气十分坚决，他十分了解刘忠的心情。"刘忠同志，养兵千日，用兵一时，这是有关全军的问题。"刘忠脸色唰地一下红了起来，他抬头看见左参谋长带着血丝的疲惫的眼睛，突然感到自己错了。他马上回应道："我马上命令出发。"在左权的指挥之下，刘忠带领侦察队伍冒雨出发了。

根据他们的侦察，施秉县守敌有一个营，是王家烈的部队。刘忠根据左权的指示指挥侦察兵乘敌不备，突然袭击，攻打施秉城。敌人顿时乱成了一团，仓促组织反击，很快就抵抗不了，四处逃窜了。刘忠率领部队出色完成了侦察和战斗任务，红军大部队随后到达此处。接着左权协助指挥一军团强渡乌江，进占黔北重镇遵义。

进入遵义后，军团长和军团政委奉命离开部队参加了遵义会议。红一军团则由参谋长左权和军团政治部主任朱瑞指挥。左权和朱瑞一面指派警戒部队，加强敌情侦察，一面深入部队组织休整，总结战斗经验。遵义会议期间左权密切关注敌人动向，确保中央军委的安全。

遵义会议结束后，聂荣臻向左权传达了会议的情况：会议总结了第五次反围剿以来的教训，毛泽东同志在全军的领导地位得到了恢复，由周恩来、毛泽东负责军事。左权听了会议内容后非常激动，他深知树立毛泽东在中央的军事地位是一个十分明智的选择，有可能成为党在发展过程中的转折点。

遵义会议后，军委对军团进行了整编，左权仍然任第一军团军团参谋长。红军离开遵义，北上进军。改换领导后的红军采取高度灵活的战略，先是一渡赤水，进入川南，二月中旬二渡赤水，于二月底再次占领遵义。此时蒋介石亲自飞到重庆，策划新的围攻计划，企图围歼红军于遵义、鸭溪地区。

3月中旬，红军占领了茅台地区，左权也亲自品尝了举世闻名的茅台酒。随后他随部队三渡赤水，向川南方向前进，摆出一副北渡长江的姿态。将红军主力引向赤水河以西地区。

蒋介石以为红军要北渡长江，急忙调转兵力向红军主力逼近。而红军又四渡赤水，离开黔北，南渡乌江，长驱直入，直逼贵阳。蒋介石以为红军要攻打贵阳，赶忙调动滇军三个旅的兵力回援贵阳。红军趁机以每天一百二十里的神速进军云南，在昆明附近虚晃一枪，又向西北方向前进，直奔金沙江岸。

这个阶段红军不断实施机动，部队每天急行军，作为军团参谋长的左权一路上更是辛苦劳累。每到一处战士们休息了，左权还要带领侦察部队勘验地形，布置警备，还要向军委首长发送情报，考虑安排第二天的行程作战工作。左权有时候拿着笔写报告，写着写着就睡着了。

5月20日，左权随部队到达四川冕宁的泸沽，准备抢渡大渡河。要横渡大渡河就要到达大渡河南岸的渡口大树堡。而晒经关是通往大树堡的唯一通道。相传晒经关是《西游记》里师徒四人受到老乌龟报复掉落水打湿经书的地方，师徒四人在这一处晒过经书。左权经过晒经关还看见了晒经石。 由晒经关到大树堡有一处敌军要塞，左权命令刘忠率队攻占了隘口。而他率领的右路纵队从泸沽到大树堡行军400多里，用了不到5天时间红军便以势不可挡之势临陇道，破江关。左权亲自带领右路纵队各部长沿河勘探渡河地点，指挥部队修筑工事，筹备粮草。

四川自古以来便是兵家必争之地，蒋介石认为红军要想占领四川必先攻占成都，然后东进。因此他集结了12万人镇守雅安、泸定、宝兴各县，派刘湘的二十一军赴汉源、福林一带，加强大渡河北岸的防御。就是防守泸定桥的敌人也被东调雅安成都一线防御。蒋介石自认为成都已固若金汤，只等红军来袭。

然而红军主力在毛泽东、朱德、周恩来、刘伯承的率领下，走上了从冕宁到安顺场的崎岖小路。刘伯承、聂荣臻带领的先遣部队于5月25日攻占了安顺场，就在同一天，左权收到军团发来的电报，部队迅速撤离大树堡赶往安顺场，待敌人发现红军在安顺场强渡成功，29日红军又抢占了天险泸定桥。红军在蒋介石意料之外渡过了大渡河。

　　红军主力能渡过大渡河，左权率领的右路纵队佯动牵制敌人功不可没。左权机智沉着，不露声色地按照总部的命令，"示形于东"，以小部队虚张声势，暴露目标，使得蒋介石和四川军阀被左右调动。红一军团政委聂荣臻回忆红军抢渡大渡河这一战略胜利时，评论说："单就一军团来说，这次胜利，是几个部队自觉地互相在战术上互相配合，执行统一战役计划的结果。如果没有五团远离主力去吸引敌人对安顺场的注意，一团能否在安顺场夺到那条小船渡河成功，还是一个疑问，如果不是一师渡河，与二师四团夹河而上，飞夺泸定桥是否那样及时得手，也很难预料，总之当时虽险，我们终于成功了。我们和国民党的斗争，常常是棋高一着。"而左权无疑也发挥了重要作用。

　　6月3日，红军主力渡过了泸定桥。泸定桥两岸险岩峭立，山峰拔地而起，高耸入云，大渡河水汹涌咆哮，以石破天惊之势袭来。而泸定桥桥身摇曳空中，两侧只有铁索搀扶，行人随桥起伏，令人眩目惊心。

毛泽东笑着说："心脏不好的人是过不了这种桥的。"左权也兴奋地说："大渡河就是一条龙，我们也骑在龙背上了。"朱德总司令在桥头大声指挥部队过桥："不要怕，沉住气，不要慌，别看水，手扶着铁链子。"

千军万马从泸定桥转而北去。

1935年6月，红一军团渡过大渡河之后，占领了天全、芦山一带，略作休整，一方面总结强渡大渡河的经验，一方面备齐粮食，准备翻越夹金山雪山继续北上。与红四方面军会合。

左权自打过了大渡河之后身体一直不好。当时他还是带病召开干部会议，耐心做着思想工作："我们的战士能攻能守，什么样的敌人也不怕，这是好样的，但是雪山这样的敌人谁碰到过？准备工作不做好，很可能就要打败仗，所以大家不要马虎，一定要认真检查准备情况，首先每个干部要带好头。"

6月13日太阳刚出来，部队来到了夹金山脚下，沿着盘山小道开始向上爬，到处都是白茫茫一片，分不清哪里是路。每走一步，脚底就发出扑哧扑哧的声音。越往上爬山越陡，狂风吹着雪花吹向脸上，浑身哆嗦。不少同志穿的还是单衣，大家在风雪的袭击下，勇敢地迎着风雪向上前进。

红军战士们碰到了前所未有的"敌人"。登山对于战士们的体力是个巨大的考验。一军团是方面军的前卫，临阵不退。而作为参谋长的左权除和大家一样行军打仗之外，一到宿营地还要带领侦察人员勘探地形，研究登山路线和方案，选取合适的宿营地。他还要了解士兵们的状况，联络后续部队。因此左权比别人要加倍地劳累。过度劳累和营养不良，使得刚到三十岁的左权体质虚弱，虚弱得连腰也直不起来了。上山时，他喝了过量的辣椒水，身边还带了几只青辣椒，想靠他们产生热量，驱逐寒冷，但是喝辣椒水的办法对于体质好的人还有点作用，对体质弱的人根本不起作用。越往上走，越见危峰陡峭。左权和战士们一样身着单衣。从江西出发时，领了两套衣服，到遵义时又补发了一套，到现在单衣已经破破烂烂的了，到处都张着漏风口。寒从脚起，穿草鞋的脚像被狗咬了一样疼。左权的脚变软了，身子变矮了，脸变白了。连呼吸也感到困难，一张口，就被风雪呛得喘不上气。一停下来休息，就有可能被冻僵。许多战士因抵御不住严寒而丧失了性命，在路旁被冻成了一座座雕塑。警卫们拼尽力气搀扶着左参谋长，艰难地向雪峰攀登。左权实在走不动了，警卫们拿来了担架，左权却不让他们抬。他嘱咐担架员去抬那些更加病重的战士，自己拄着木棍继续向前攀爬。

这是一个只容许暴风雪肆虐的世界。大家好像到了广寒宫一样，左权和大家一道闷着头走，脚下积满了雪的山路显得遥远漫长。经过4个多小时的攀登，左权才到达山顶，举目四望，只有天在上。天与山、云与山融为了一体。下山时，大家顺坡溜的溜，滑的滑。行军速度加快了，越往下走，气温越高，部队也逐渐恢复了生机，甚至传来了歌声。

翻过了一座雪山，还有更高更陡峭的山峰在等着红军战士们。这里到处是高山，很多地方根本没有路，荒无人烟，到处是高不见顶的雪峰、茂密难行的森林和吼声如雷的长河深涧。河水随山势起伏，在险要处像飞瀑一样从天而降。江面上只有简陋的竹木桥，部队一走上这种摇摇晃晃的桥就被颠得头晕眼花。还有一种栈道在沿河的危岩峭壁上，窄的地方只能走一个人，离地二三十丈，一些壮健的骡马走在这些栈道上不免胆战退却，好多在转弯抹角的地方滚下了河，丢了性命。在这种极端恶劣危险的形势下，红军穿越了险峰。

翻过了夹金山，部队到达了达维镇，同红四方面军同志会合了。大家见了面都像见了亲兄弟一样彼此拥抱。李先念同志叫人搞了好多吃的东西，对左权他们几个热情地款待了一番。

经过几天的休息，红一军团翻过了梦笔山，进入卓克基、沙窝一带，继续北上，到达大草地边上的毛儿盖。

这一带是藏民区，人烟稀少一片荒凉。由于四川军阀经常到这里抢夺屠杀，加上反动派的宣传，藏民见到红军就时不时放冷枪。红军到这里后，纪律严明，四处宣传党的民族政策，为了做好过草地的准备工作，上级规定每人要准备7天左右的粮食。红军利用两周的时间，在藏民中间开展群众工作。在红军的感染下，许多藏民亲身感受到了红军和其他军阀不一样，是为穷人打仗的队伍。很多藏族不顾反动派的威胁，不怕土司杀头，把粮食卖给红军。有的还主动要求参军，给红军做向导。

过了雪山这一关，红军面临着北上过草地的难关。

为了北上，一军团在芦花、黑水、毛儿盖一带筹粮。这些地方雪岭连绵，地势高寒，以种植耐寒耐旱的青稞为主，藏民就是用炒熟的青稞、豌豆做成粉，用酥油或青稞酒拌在一起，做成糌粑吃。军队展开筹粮时，青稞麦已经呈现淡黄色可以收割了。左权告诉大家前面就是荒无人烟的草地，每个人都要准备好救命的粮食。当时，上到军团长，下到马夫都一起动手参加割麦运动。割回来的麦子因雨天无法脱粒扬场，只好用手搓麦子，再用搓下来的青稞炒熟磨成面粉。经过半个月，每人筹足了20斤粮食。筹足了粮食后，一军团向草地进发了。

草地茫茫无边际，气候变化无常。天气是风一阵，雨一阵，脚下不是经年累计腐烂的落叶，便是浑浊泥泞的沼泽，随时有深陷沼泽地被吞噬的危险。夜晚宿营，没有御寒的地方，战士们只好蜷缩着在高出沼泽的小丘上睡觉。司令部有一个帐篷，是专供首长用的。可是左权总是把身边的指战员叫去，让他们躺下来把头往帐篷里挤，同志们心里热乎乎的。

大草地上找不到粮食可以充饥。战士们肚子饿了，就抓一把青稞麦炒面充饥。被雨淋过的炒面变成了疙瘩，只好加些热水泡成面糊糊。左权和战士们一样，用面糊充饥。草地里的水已经腐臭不能喝，只好接雨水解渴，左权开玩笑说："这水挺甜的呢，难怪家乡的地主老是接雨水泡茶呢。"渐渐地粮食吃光了，左权和战士们一起找可以充饥的野草来填肚子。一望无际的草地分不清东南西北。草底下河沟交错，草浸在水中成了黑色，散发出一种恶心的臭味。这种水不但喝不得，就是被草根刺破皮肤的脚一沾就会红肿溃烂。没有路，草根密，泥皮厚的地方就是路。这使得左权想起小时候在泥地里拔猪草。那时手里拿着根竹竿，让它"探路"，专选皮厚的地方下脚，自己则从这儿跳到那儿，又轻捷又快当。他告诉战士们不要踩破有草根的地皮。一要落脚轻，二要提脚快，立脚太久就会陷入泥地里。

红一军每天都要跟着向导走七八十里，白天走得精疲力竭，晚上连个宿营的地方也难找到。就这样经过几天艰难的跋涉，左权和红一军的先头部队终于走出了草地，经过阿西、毛龙、广利于9月5日到达了俄界。

一军团到达俄界后，左权作为军事指挥员，要在战略战术上加倍地小心，珍惜革命的宝贵力量。他摊开地图，反思北上以来的经验教训，常常彻夜不眠。经过紧张的北上动员，战士们继续北进，由俄界出发经过一个月的行军作战，于10月19日抵达陕西省保安县的吴起镇，从此红一方面军顺利地结束了艰苦卓绝的两万五千里长征。

1935年9月12日，中共中央政治局举行会议决定将第一军、第三军和军委直属队改编为中国工农红军陕甘支队，第一军即为陕甘支队第一纵队，左权继任参谋长。

1936年5月左权和聂荣臻率领红一军团同徐海东率领的十五

军团到黄河以南地区、陕甘大道以北地区西征，发展和巩固西北抗日根据地，扩大抗日红军力量。不到两个月红军就北占宁条梁、定边、盐池等地，向西到达清水河一线，开辟了纵横300余里的新根据地，并立即在定边、盐池、庆阳、同心等城镇开展苏维埃政权的建设。

10月10日，红军三大主力胜利会师。中央决定集中三个方面军向北发展，夺取宁夏，扩大以陕甘宁边区为中心的根据地。宁夏有黄河水流过，土壤肥沃，粮食产量很大，素来有"塞北江南"的美名，夺取宁夏可以解决红军的粮食供给问题。

这时蒋介石仍然幻想消灭红军主力，在陇东高原部署了大量的兵力。围剿红军的南进敌军也在一步步靠近根据地。而红军的三个方面军都是远征而来，部队十分疲劳。陇东高原满眼是黄土，山上光秃秃一片，河水也干枯了，风夹杂着又大又粗的沙子席卷而来。这里缺少生机，水就是这里生命的源头。左权极目所致，黄土高原贫瘠干旱的土地如同一个百岁老人历经岁月的风沙起皱的皮肤，而左权和他的军队给这片土地带来了一点生机。

红军主力刚转移到打拉池、海原地区，各路追击的敌军日夜兼程向红军扑来。蒋介石调动了入关的东北军，西北军配合胡宗南的五个师，企图趁红军立足未稳，在葫芦河与洛河之间的地区把红军围而灭之。双方在直罗镇展开了战斗。

在毛泽东的亲自部署之下，红军以小部队节节抗击，诱敌深入。国民党军第五十七军109师的三个团首先成为红军包围歼灭的对象。

在左权的指挥下，红军攻入了直罗镇。歼灭了东北军第109师两个团和师直属队，其余敌人继续被围困，后因待援无望，突围时被歼。直罗镇取得了完全胜利，缴获了敌人大量的枪支弹药。直罗镇战役胜利后，红一方面军在东村召开了营以上干部大会，总结了战役经验教训。会上毛泽东高度评价了这场战役的胜利，认为这场战役粉碎了蒋介石在陕甘宁的围剿。左权也在会上发了言，他说："直罗镇战役的胜利，是在毛主席、周副主席、彭司令员的指挥下取得的重大胜利，我们要学习直罗镇战役的经验，继续贯彻执行打歼灭战的思想，以夺取新的胜利。"

根据东北军在西北的处境，红军主动在东北军的下层官兵中展开政治攻势。在红军的政治宣传下，被俘的东北军树立民族意识，产生了雪国耻、救家乡的强烈愿望。他们被放归原部队后，成为红军的宣传员，在东北军中宣传团结合作，抵御外侮的思想。击败了东北军之后，红军又要面对胡宗南的军队。胡宗南率领第一军占领了同心城。之后向盐池方向追击红军，丁德隆的七十八师则占领了山城堡，他们企图从两翼合围红军于盐池以南地区。

丁德隆是左权在湘军讲武堂和黄埔军校的同期同队同学，

但是后来两人分别走上了完全不同的道路。徐向前曾以同学名义号召丁德隆停止内战，但是固执的丁德隆不但不听反而更加猛追猛打。由于丁德隆取得了几次局部战斗的胜利，受到蒋介石嘉奖。面对这样一位势头正盛的同学，左权深知这一仗的艰难，打不好有可能威胁到中央机关基地的安全。他决定采用夜袭的战术，出其不意击溃敌军。

在左权周密的作战准备下，11月21日黄昏，部队神速地向敌军接近。一个半小时便走了三十里。夜色四合，红二师与红十五师军团向山城堡西北方向进攻。首先截断了敌人西逃的路线，敌人觉察后已经迟了，赶忙胡乱朝四处射击。这时红军阵地上吹起了冲锋号角，红一军从东向西，红二军自西向东，红四军由北向南，红二七四团由南向北，直扑山城堡敌军阵地。敌人凭借工事负隅顽抗。左权命令红一师将敌人赶出阵地。全师战士每人提着一把马刀向山上冲锋。双方展开了激战。清晨敌人的主要阵地都被红军占领，指挥所也被红军给拔了。

这一仗，七十八师大部分被歼灭，丁德隆落荒而逃。山城堡这一战的胜利，坚定了张学良、杨虎城联共抗日的决心。20天以后，西安事变发生了。这场战斗也标志着第二次国内革命战争的基本结束。西安事变发生后，东北军、西北军、红军于12月宣布成立抗日联军，成立了抗日军事委员会，立即开到陕晋和陕豫边界，红军也奉命南进。左权、聂荣臻每天以八九十公里的急行军挥戈南进。一周内红军便占领了渭河以北的陕西西北部地区。

五、华北敌后抗日

1937年7月7日，日本发动了震惊中外的七七事变。中华民族到了生死存亡的紧急时刻，在中国共产党的努力下，在广大爱国者的呼吁推动下，国民党被迫同意进行第二次国共合作。抗日民族统一战线正式形成。8月25日，中央革命军事委员会发布命令，中国工农红军正式改编为中国国民革命军第八路军，前总指挥部改为第八路总指挥部，以朱德为总指挥，彭德怀为副总指挥，叶剑英为参谋长，左权为副参谋长。下辖三个师：一一五师、一二○师、一二九师，共六个旅13个团，总兵力共四万余人。

受命为八路军总指挥部副参谋长的左权此时下定决心，率领部队挺进华北敌后，创建抗日根据地，为中国人民伟大的抗日战争奉献力量。

为了实现国共合作，红军接受了国民党的改编，但是一些在江西就参加革命的红军将士们对此不理解。他们向左权抱怨道：

"蒋介石杀了我们多少同志,多少亲人?这个仇能了吗?如今反倒和他谈起合作来了。"有的说:"我宁愿回家当农民也不愿穿国民党的军装。"左权非常理解这些战士们的心情,他多次对他们进行针对性的教导:"现在是大敌当前,日本侵略者已经进犯华北,中国到了生死存亡的关头,国共两党不合作,整个民族都要灭亡。我们与国民党是有很多仇恨,但是现在要顾全大局,从民族利益出发。都闹着,谁去打日本鬼子呢?"

日本发动七七事变后,侵华气焰变得越来越嚣张。八路军加入了阎锡山指挥的第二战区战斗序列。日本华北方面军先后攻陷了北平、天津等重镇,一部沿着平绥线攻破了南口、张家口要隘,占领了归绥、大同等重要城市,正气势汹汹地向雁门关及长城口汹涌进犯,企图攻下太原:一部沿着津浦线、平汉线向保定、德州进犯,妄想速战速决。形势十分危险。左权在南菇村辅佐朱德、彭德怀、任弼时指挥了一一五师平型关大捷之后,根据党的战略方针,将八路军主力迅速展开,抢占山区战略要地,开展游击战争。

山西地形复杂,山地众多,十分适合开展游击战,在朱德、彭德怀的领导下,左权指挥主力部队进攻日军的两翼和后方,以伏击、截击、扰乱等手段破坏敌人的交通运输系统,收复了平型关、广灵、浑元、阳泉等地,在平汉线活动的八路军又收复了曲阳、平山、完县等失地。在雁北活动的八路军不断截击雁门关及通往大同交通,切断了敌人的联络,使得日军处

"九一八"事变时的东北领导人张学良

卢沟桥上的抗日战士

于孤立无援的状态，面临弹尽粮绝的困境。日本华北方面军不得不用飞机来运送补给。八路军又夜袭阳明堡飞机场，摧毁了敌机25架。

战争初期，日军企图速战速决，打算在三个月内灭亡中国。因此日军集中兵力向山西进发，攻势凶猛凌厉。八路军根据敌情、地形灵活地采取游击战、运动战配合国民党的正规阵地战。取得了很好的拖滞作用。在左权、朱德、彭德怀的领导下，八路军连战连捷。总能出其不意地打击日军。

这一时期，左权深刻地研究总结了八路军的军事理论，他学习毛泽东《论持久战》的思想，写出了《论军事思想的原理》，研究敌人的战略战术，如"扫荡作战，蚕食政策"写出了《扫荡和反扫荡的一年》的著名论文。左权还亲自指导三四四旅制定贯彻游击战的战略方针和部署。使得全体指战员对于"基本采取游击战，在不放松有利条件下的运动战"有了深刻的理解，对于游击战的基本精神即"最积极最快速最灵活最秘密地向敌人进攻"有了深入的掌握。

11月8日，太原失守。左权根据中央的指示，将华北八路军尽量分散在敌后，组织民众武装，力争将大多数乡村变成游击根据地。八路军以太行山、五台山、吕梁山为依托，分散建立抗日根据地。在八路军总部的直接领导下，左权从司令部各属单位和一二九师抽调大批干部组成八路军工作团，分赴武乡、安泽、晋城、平顺等地与地方党组织结合，建立抗日民主政权。与此同时，还从部队中抽调一些有运动战、游击战经验的战士到地方组织训练地方武装。

太原失守后，日军战线越拉越长，兵力分散，在它的后方暴露出无法有效控制广大地区的弱点。朱德、彭德怀、左权坚持发展敌后根据地，建立了晋察冀、晋绥、晋冀豫、山东等大片游击根据地。中共成为抗日战争的中流砥柱。

第二战区长官部根据蒋介石的命令，组织西路军、南路军和东路军，准备反攻太原。东路军由朱德指挥，驻扎在洪洞马牧村。日军得知这一情报后，立即集中兵力，企图和中国军队在黄河以北地区作战。

这时，国共两党都有许多高级干部驻在临汾东，八路军总部也在这里。临汾东面临着日军侵占的危险。八路军总部决定撤离洪洞，但是总部只有三个警卫连的兵力，情况十分紧急，朱德、左权研究就是三个连也要安全掩护各机关和群众转移。在朱德、左权的部署下，总部三个警卫连设立了两道防线，一个被安置在安泽、敦留交界的三不管岭，组成第一道防线；另外两个连在府城以东的对口店一带布设了第二道防线。2月22日，左权带着两个作战参谋和一个骑兵团于朱德向第一道防线进发。

太原失陷后，恐日成了流行疫病。朱德、左权一路上碰见不少溃逃的国民党士兵。朱德命令这些溃逃的士兵和八十三师所部旧地布防，左权将这支部队安置在孔林山修筑

第29军副军长佟麟阁将军

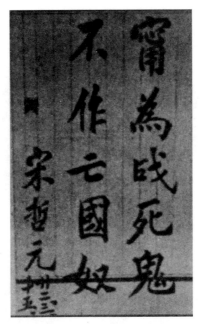

宁为战死鬼

不作亡国奴

宋哲元

宋哲元手迹

工事。上午10时左右，日军开始冲击八路军第一道防线。日军攻势十分凶猛，配备重炮、汽车等装备，兵力几十倍于防线的八路军，火力占据绝对优势。左权亲自指挥起了第一道防线的防御。

日军先是用飞机侦察轰炸，接着是大炮远近炮击，军官和士兵们则抱着枪休息，等到一番狂轰滥炸之后才端起枪冲锋。战士们对于这一套早已习惯。左权命令每个战士随时携带手榴弹，准备好大刀。他告诉战士们，大刀、刺刀和手榴弹是冲锋中最有用的武器，日本兵最怕八路军的手榴弹和大刀，一看到手榴弹拔腿就跑。战斗打响后，战士们就以手榴弹来伺候敌人。警卫排的班长们展开了扔手榴弹的比赛，看比谁扔的多扔的准。总部的警卫连第一次和日军交火，双方打得不可开交，一直打了一天一夜。日军面对八路军的凶猛顽强，开始了撤退，试图引诱八路军近前追击再伺机包围歼灭，但是左权却机智地命令部队后撤，不上日军的圈套。这一仗打出了八路军的威风，附近的国民党部队看到八路军打得日军主动撤退，由衷地佩服起这些久经沙场的战士们来。

在指挥第一道防线顽强后，左权将部队撤到了第二道防线继续战斗。朱德总司令亲自指挥两个警卫连阻击敌人。敌人连续冲锋三次都未能前进一步。日军改变战术，主力绕道自南向北分两路夹击府城，日军绕道迂回，沿途受到八路军和地方游击队的袭扰，敌人花了1天半时间才前进16公里。这时临汾东的中央机关和群众早已经撤离了。朱德、左权率领警卫连成功实现了掩护中央撤离的目标。

这次阻击战共打了4天3夜，在总司令和八路军的关怀下，沿途村庄的民众没有一个遭到日军杀害。日军企图把中国军队歼灭在山西西南部的阴谋没有得逞，八路军和一部分东路军在朱德、彭德怀、左权的指挥下，建立了一个又一个抗日根据地。

1938年3月，八路军总部和一二九师进驻晋东南地区以后，这里成了华北抗战的神经中枢。以武乡县为中心的周围十几个县，组织起抗日民主政权，抗日根据地星罗棋布，游击队、自卫队等地方武装迅速成长壮大。这年春天，一二九师一连打了三个胜仗，缴获了大量的武器弹药。日军三个月内灭亡中国，一个月内占领山西全省的计划彻底破产，日寇进攻势头止住了，但是敌人并不甘心，集结三万余众，兵分九路，向晋东南根据地扑来，妄图消灭八路军。

4月14日，八路军总部北移到武乡西北石盘山上的义门村。面对当前的形势，总部号召群众开展广泛的支前工作，动员群众进行游击配合。左权作为参谋长，深入研究了敌人的进攻企图。他向朱德、彭德怀汇报了日军各路进攻的情报，指出从南边而来的日军第一八师二五团最凶猛，应该集中力量先歼灭这支队伍。接着他和彭德怀制订了诱敌深入的战斗方针，把伏击地点设在了长乐这个两边群山环绕的天然"大口袋"。然而作

1932年上海抗战

战计划还未实施，北线传来战况紧张的消息，有可能打乱这次部署，左权带着特务团支援北线。在左权特务团的支援下，北线敌人被打了下去。之后左权立即赶回了总部，准备伏击敌军一八师二五团的作战计划。

一二九师三个主力团分左右两个纵队沿着浊漳河两岸山地飞速进军，并以一个主力团的兵力为后续部队，尾随敌人，跟踪追击。拂晓时分，两路纵队赶到敌人前方，在长乐村截住东撤日军的大部。在十五里的长度上，扎成了一条狭长的口袋。一二九师当即发起攻击。由于我军进攻神速，日军的火力无法施展，全被逼下河滩展开白刃格斗。激战几个小时后，日军遭受重创。敌人3000多兵力从辽县赶来救援，一二九师左翼机动部队从西侧阻击援军，左权亲临战线指挥，左路部队和敌人援兵反复冲杀，经过一天的激战日寇伤亡两千两百多人。长乐之战取得了大捷，各路敌军纷纷撤退，八路军乘胜追击，连克辽县、黎城等，一气收复了十八座县城。以太行山为依托的晋东南抗日根据地得到了进一步巩固和扩大，为以后向冀南、渝北发展创造了有利条件。

在紧张的战斗间隙，左权总是一有机会就抓紧学习，他常常围绕我军面临的形势深入部队调查研究，对于敌军的战术策略他研究得很透。

1938年5月，毛泽东发表了《抗日游击战争的战略问题》，又在延安抗日研究会上发表了《论持久战》讲演。这两篇重要军事著作左权看了之后爱不释手，认真地研究了起来。他联系华北抗日战场的实际，撰写了许多阐述毛泽东持久战的思想，以指导华北抗战，在八路军总部召开的"七七"抗战一周年纪念大会和其他会议上，左权多次阐述了毛泽东论持久战的思想。

左权常常因为学习而废寝忘食。有一次，警卫员给他送来了洗脸水，只见他正拿着一支笔，聚精会神地在一本书上不停地画着。警卫员轻轻地提醒左权："首长，洗下脸吧，快吃饭了。"左权毫无察觉，警卫员只好等他看完一页，又翻看一页，直到水已经冷了，左权还在拿着笔在笔记本上做着笔记，根本没有停下来的意思。警卫员又催促道："参谋长，洗脸吃饭吧。"左权含糊道："再写一点，马上就完了。"直到快过了饭点，左权才放下笔，收拾好书和笔记，站起来简单地抹了把脸，匆匆扒了几口饭，又开始读书做起了笔记。

左权不仅自己学习刻苦，也要求战士们学习党的指导思想和方针政策。他常对身边的人说："做参谋工作的人，要能文能武，知识永无止境，学习也不可停止。"对作战科的每个人的文化水平他都很了解，科长王政柱文化水平较低，左权严格要求他说："科长不带头谁来带头，赶紧学习下。"说完就给了他拟写报稿的任务，逐步学习写一周的战况报告材料。在左权的指导下，王政柱写出了一篇篇的战况报告，水平有了很大提高。

1938春 河北涞源浮图峪长城

在左权言传身教的影响下，八路军司令部的学习氛围很是浓厚，内部经常开展读书读报活动，展开讨论会，讨论军事战术问题，学习毛泽东的军事思想。部队的文化水平提高了，战斗力也随之提高。在大家学习讨论的基础上，左权及时进行归纳整理，写出了《埋伏战术》一文，发表在《战术研究材料》上，在文中论述了埋伏战术的特点和作用，通俗地说明了各种伏击战术的运用。左权高明的军事思想和军事理论，指导了华北敌后抗日战场的抗日作战，提高了八路军的作战水平。

1938年12月，中央军委决定在晋东南成立八路军前方指挥部，左权任参谋长。粉碎日军对晋东南围攻以来，八路军吸收了大量的新战士，队伍一天天壮大，可是由于战事频繁，导致新战士没有时间经受严格的训练就奔赴战场，还保留着一些游击队的习气。

左权和总部的领导同志研究后，决定在晋东南开展整军运动。他清楚要战胜敌人就要使自己的部队正规化、规范化，否则就没有战斗力。他提出了"一切正规化"的口号。左权着手起草了第一个司令部条例，从当时部队的实际情况出发，参照苏联军队的参谋业务，提出八路军要建立健全司令部各业务部门机构，并明确职责，严格要求。接着，他主持召开了晋东南部队参谋长会议，总结了八路军司令部工作的经验，通过了工作条例，制订了工作规则，为八路军司令部工作制度化打下了良好的基础。

在整军运动中，左权十分重视司令部门的基础建设，十分注意部队进行思想教育和战术技术的教育。在日常生活的每件小事上，他都以身作则，给广大指战员做出了榜样。左权对自己的军容风貌非常重视，别人只要见到他，必然是军容整洁，风度和仪表都体现出一个经过严格训练的将领应有的姿态。正如聂荣臻同志说："左权将军是我们军中模范的军人，尤其是我们军中的参谋工作者的好榜样。"

从1939年1月到6月，左权连续在《新华日报》上发表了八篇《半月来华北战况》和《论坚持华北抗战》《坚持华北抗战两年中之八路军》两篇重要军事论著。这些文章具体阐述了华北抗战的经验，分析了今后华北抗战所要面临的困难和有利条件。同时对八路军对日作战取得的成果和原因做了总结。在这些军事著作中，左权充分运用了马克思主义理论，善于从实践中找出规律，提出解决问题的办法，并提高到理论层面来加以阐明。这对教育华北军民、鼓舞士气、统一思想认识起了很大的作用。

长乐战役胜利以后，其他各路敌人偃旗息鼓，纷纷撤退，八路军乘胜扩大了晋东南这一抗日根据地。八路军以太行山为支点，迅速分兵，除留部分兵力继续在晋东南和冀西发展游击战争，建设巩固抗日根据地外，八路军主力为配合徐州大会战，一部分挺进敌后，另一部分向北深入绥远大青山地区以及冀东地区。八路军广泛动员群众开展游击战争。在华北各地与敌人进行大小战斗400余起，毙敌2万人，大量缴获枪支弹药，极大地支援了国民党军的正面战场，牵制了大量的日军。

以国共两党合作为基础的抗日民族统一战线大大地打击了日军嚣张气焰，日军在攻占武汉、广州之后，抗日战争进入了相持阶段。日本清楚地认识到了国共两党合作给自身带来的威胁，于是秘密研究如何割断国共两党的合作关系。为此，日军决定攻占汉口，因为汉口是主要以西北各省为其势力范围的共产军和主要控制西南各省的国民党军之间的结合点和两点合作的接口。

武汉陷落以后，敌后战场实际上成了抗日的主战场。侵华日军一改过去武力征服的手段，采取对国民党"以诱降为主，以军事打击为辅"，而对中共则采取"应绝对加以打击、排除"。在上述方针政策的指导下，日军极力挑起两党之间的矛盾，让国民党将精力转移到反共上去。

国民党顽固派在日本的"经济合作"、"共同防共"的诱降活动下，在正太路、石德路以南建立了反共地带。企图消灭或驱逐太行山地区的八路军和地方游击队。而日军华北方面军也配合国民党对共产党和八路军的进攻，确立了"肃正讨伐"的方针，增加部队进攻共产党建立的抗日根据地。

中国共产党早已看穿了日军的阴谋。本着大敌当前、抗日第一的宗旨，多次电请重庆当局制止反共摩擦、消弭内争。左权在八路军总部多次发表谈话，在《新华日报》《前线》《群众》等报纸杂志上发表文章，揭露国民党顽固派在日军策动之下挑起国共矛盾，制造摩擦，破坏民族统一战线；呼吁巩固民族团结，改善国共关系，保障各党各派的合法权利，取消"防共，限共"的行为，认清日军的狡猾的面目，把精力集中到抗战上来。

国民党民政厅厅长朱怀冰是一个顽固的反共分子。他刚上任没几天就率领部队由高平、陵川、辉县向北进攻八路军的根据地，疯狂地打击八路军。刘伯承曾经找他谈判，他竟然说："八路军长胖了，不要再搞扩大了。"刘伯承郑重地对他说："八路军的"长胖"是为了对抗更多的日军，也是由于打日寇，缴获日军器械而发展起来的，丝毫没有依靠你们国民党。我们以民族利益为重和你们合作，已经是退避三舍了，你们总得给我们根据地去抗日吧。我们并不怕你们国民党，我们是由人民群众支持的。"这次双方谈判不欢而散。

令人没想到的是朱怀冰之后亲自到八路军总部谈判了，目的就是想"收复失地"，攫取更多利益。他以蒋介石为后盾，开口就以嚣张的口吻说："委座1月份就命令你们八路军撤至晋路以东，你们为何迟迟不执行？"

这一席话顿时就激怒了平时温和很少发脾气的左权。听到朱怀冰不可理喻的要求，他严肃地对朱怀冰说道："八路军哪里拒绝过蒋介石的命令。自抗战以来，八路军就奉命分布到整个华北战场，拖住敌军支援你们正面战场的抗战。八路军人数远远少于你们，却与日军在华40个师团中的17个师团作战，无日不在抗日的最前线。我们军队的损失你们不算，还无时无刻对我们八路军念着紧箍咒。你们给我们战士的军饷每月不足3元，还不够买半个月的粮食。我们挨饿时你们又不管。八路军忍辱负重，在前线出生入死，现在我们打出了根据地，你们却想夺走我们这些用血汗换来的成果。希望你们国民党要识时务，不要狂乱张口。"

朱怀冰被左权这么正气凛然的一席话给镇住了。他自知理亏，一时间竟然说不出话来。左权一步不让地继续说道："你们要收复失地，找日寇要去，他们不是还占据着我们大部国土吗？我们只要求坚持抗战，反对内战。只有枪口一致对外，才能把日本帝国主义赶出去。搞摩擦、打内战只能让日军计谋得逞。朱厅长深明大义，应该会明白的。"

朱怀冰对左权的机智早已耳闻，今日一见果然如此，也算是领教了一番。他虚伪地抱拳拱手道："左参谋长所言极是，我们会考虑八路军的建议的，但是你们也要适当地发展，不要过分了。"朱怀冰气势汹汹而来，却是偃旗息鼓而去。他兜了一肚子火无处发泄。

八路军在太行山区建立了众多的革命根据地，这片土地是太南、太岳、直南、鲁西、冀西相互联结的中枢。战略地位十分重要，日军、伪军、国民党顽固派都想要得到它。自武汉失手后，阎锡山的军队在抗日中损失惨重。他不再抱

武昌国民政府军事委员会委员长武汉行营前的日军

着民族团结的心态，将"联共抗日""守土抗战"的口号抛在脑后。他看到八路军在敌后战场力量不增反减，队伍越来越壮大，而自己的军队则损失大半。这种自私的心态使得他决计和国民党顽固派、日本人联合起来，"困死八路军"，"宁亡于日，勿亡于共"。

为了占领山西，阎锡山设立了四个行政公署，由他的四个总司令兼任行署主任。命令第八集团军总司令孙楚兼主任，袭取上党。孙楚率领晋军向晋东南的中共根据地发起了进攻，在短短10天内袭击了7个县的抗日政权。孙楚指挥部下杀害了五六百共产党员和进步人士，还关押了一千多人。孙楚的第三行署所在地变成了一座监狱，专门抓捕抗日根据地的共产党员。孙楚部下按照阎锡山"掌握部队，靠近中央军，不再听政工人员指挥"的电令，将64名共产党员逮捕，大批中共党员、军事指挥员被杀害。

面对晋东南地区的严重形势，中共中央任命左权兼任八路军第二纵队司令员，指挥太南、豫北的八路军进行反顽斗争。在纷繁复杂的军事形势下，左权在朱德、彭德怀的支持下，采取的策略是巩固太岳、恢复太南，由内而外将顽军赶出晋东南。当时阎锡山想利用蒋介石的势力恢复晋东南，蒋介石则试图将阎锡山的势力排挤出晋东南，两大势力互不相让，也都不敢轻举妄动。

为了粉碎国民的"反共高潮"，刘伯承、邓小平以13个团的兵力发动了围歼朱怀冰的战役。而左权则指挥八路军第二纵队的三个旅牵制国民党的余部。这一次朱怀冰赔了老本，他的部队有上万人被歼，残余两千人四处逃窜。朱怀冰的腿被打伤，化装逃入沦陷区跑到洛阳的病床上去了。慑于八路军的威力，国民党暂时不敢轻举妄动了。国民党知道了八路军是不可能被消灭的，加上国民党内有识之士的推动，国民党决定和八路军"重归于好"，八路军总部同意国共重新举行谈判。谈判的结果就是划分了国共两党的势力范围。国民党允许八路军保留一条运输线，还发放了所欠的所有粮饷。国民党内第一次"反共高潮"就此结束。

自开辟敌后战场以来，左权一直是朱德、彭德怀统帅军队、指挥作战的得力助手。中共中央、中央军委、国民政府在给八路军总部的电报中，常常把朱德、彭德怀、左权的名字联系在一起，称之为"朱彭左"。八路军总部对所属部队发出的指示、通报常常需要朱彭左三人的签名。渐渐地，"朱彭左"便成了八路军总部的代称。

1934年，左权和刘志兰在八路军总部驻地潞城县北村结婚。刘志兰是北平人，抗日战争爆发后，她响应中共的号召，奔赴延安参加抗战。刘志兰先在延安学习、工作。1939年2月参加中央巡视团到山西前线，后留在晋东南中央北方局妇委工作，在八路军总部附近举办妇女培训班培养妇女干部。左权对妇女工作十分关心，经常应邀到妇女培训班讲课，在这里结识了刘志兰。两人渐渐地来往多了起来，互相之间产生了好感。朱德总司令看在眼里，他知道刘志兰是个好姑娘，无论是学识方面还是为人方面都是无可挑剔的，而左权又是党中央的高级干部，两个人有着共同的马克思主义信仰。于是朱总司令琢磨着把两个人凑在一起。

有一天，朱德在散步时碰到了刘志兰，他有意向刘志兰介绍了左权的情况，详细介绍了左权对于党的贡献，说道："左权是个好同志啊，可惜到现在还是光棍。现在找到了像你这样的好姑娘。"刘志兰两颊绯红，低着头表示自己明白朱总的意思，并表示自己愿意听从朱德的安排。朱德又改口道："婚姻是你的终身大事，怎么能听我的呢，我只不过是建议你罢了，我看左同志和你都是党的好干部，都有坚定的共同理想，两个人在一起很是般配。你喜欢他的话我就做个媒把你们的事给成全了。"刘志兰害羞地点了点头。朱德就这样把两个人牵在了一起。

在战士的一片庆贺声中，左权和刘志兰结婚了。两个人彼此互敬互爱，感情深厚。两个都在党机关担任要职，两个人互相勉励为党做事。在左权的身上，刘志兰感到了一股潜移默化的力量。左权的全部生活都投入了革命事业中，刘志兰总能感受到左权一股燃烧的工作热情和不可撼动的决心，同时左权又是个冷静稳重的人，刘志兰庆幸自己找到了人生中的另一半。

不久，刘志兰怀孕，早期反应很厉害。当时她住在北方局妇委，左权每天傍晚都抽空骑马从总部驻地去看她，一直持续两个多月，这在行伍出身的高级将领中实不多见。总部和北方局机关的男同志都知道参谋长"爱老婆"，女同志都羡慕刘志兰有个体贴的丈夫。婚后一年，刘志兰就为年已35岁的左权生下了宝贝女儿左太北。左权将妻女接回总部，夜里亲自起身为女儿换尿布，做得比刘志兰还细致。

在左权女儿满月时，部队里干部都跑来庆贺，朱德总司令把部下送自己的红细布锦旗做成了小被子赠给了左权。彭德怀副总司令向左权建议："刘师长的孩子叫刘太行，我看是很有纪念意义啊！你的小女孩就叫做左太北吧，纪念红军北上的日子。"左权点了点头，从此左权的孩子就被大家亲切地称为"北北"。

新四军北上抗日

六、百团大战

　　1939年秋季以来，国民党又一次发动了反共浪潮。国民党反共反人民、对日妥协投降的活动变本加厉地发展着。日本侵略者趁机加紧对抗日根据地进行扫荡，大力建设公路铁路，挖壕沟，由点连线，由线成面，扩大占领区。抗日根据地被封锁、切割，太行山区已经解放的十几座县城，到1940年初仅仅剩下偏僻地区的几座没有被侵占。彭德怀从延安回来途中险些遇害。抗日根据地面临的局势十分危险。八路军在华北地区的抗战越来越艰难，物资供应十分紧张。

　　日寇在整个华北疯狂筑路挖沟，刘伯承形象地比喻为，敌人企图以铁路为柱子，以公路为链子，以据点为锁子，对华北敌后根据地实行"囚笼"政策。抗日根据地的生存与发展受到了前所未有的挑战。作为八路军的主要领导，朱德、彭德怀、左权十分焦虑，经常一起在作战室研究情报，面对挂满整个墙壁的地图研究一整天。这张地图上画着整个华北地区的新旧铁路线路、公路线路，如同一张巨网一般。他们最后决定，先打退顽固派的反共高潮，再粉碎日军的"囚笼"政策。

在击退国民党顽固派军队的进攻后，八路军开始集中力量打破日军日益紧逼的封锁。4月中旬，朱德离开八路军总部，前往洛阳与卫立煌商谈停止国共摩擦的问题。4月底，左权受彭德怀的委托，从八路军总部来到了黎城县谭村一二九师师部，和刘伯承、邓小平等一起讨论正太铁路线破袭战的问题。左权在开会时谈论到，可以由聂荣臻和刘伯承同志协力从南北两面对正太路来个大破袭，打通晋察冀和太行山区的联系。左权的建议得到了大家的认可，大家决定聂和刘邓可以一个负责破袭东段、一个破袭西段。

为了准备破袭正太路，八路军首长们把正太地区地图的地区研究个透，到底怎样有效地破袭交通线上的桥梁、铁路、隧道、车站是首长们一直思考的难题。由于正太路位于整个华北地区铁路线的中心位置，在周围有正太、同蒲、平汉、津浦、平绥、北宁、胶济七条铁路干线，是敌人企图困死八路军所建构的"囚笼"支架，正太路对于日军的重要性使得它成了八路军攻击的首要目标。

1940年夏季，世界法西斯力量十分猖獗。希特勒占领了半个欧洲。而日军也正处于侵略的"巅峰"，企图兵分三路，从宜昌、洛阳，向大后方昆明重庆、西安发动进攻。日军先派出空军作战，对大后方重庆进行狂轰滥炸。中共中央在7月7日纪念抗战三周年时发表宣言，号召全党全军克服投降危险，争取形势好转。中共中央重庆办事处建议八路军在敌后打胜仗，以鼓舞人心。

7月22日，左权和彭德怀、朱德下达了准备破袭正太路的命令。此役作战目的是彻底破坏正太铁路线若干要隘。收复若干重要名胜关隘据点。命令中要求直接参加正太线作战的总兵力不少于22个团。这条战线长达2800公里，在地域上包括河北和山西的大部以及热河、察尔汗、绥远、山东各一部。各交通线驻有日军9个混合旅团，5个师团，约15万人以上。

总部的命令下达后，华北各抗日根据地军民情绪热烈。要求参战的部队暴涨。从总部到各师旅团都派出人员到铁路沿线侦察地形和敌情。左权在这段时间内更是忙碌，几乎每天都要工作十五六个以上。每个夜晚，左权参谋长房间里的灯光总是彻夜通明，他苦心筹划、周密安排、起草文电，指导部队完成了地形和敌情的侦察、兵力的部署、道路的选择、军队和民众的动员、兵站的建立、粮食的储存等各项工作。他把全部精力都集中于这场战役之中。左权认为在整个战术上，八路军是防御的，但在执行战略方针上，是战役战术的积极进攻。因此，他决定此次战役的基本方针是采取广泛的民众性的游击战，破坏敌人重要交通路线。

8月20日，破袭战役的序幕拉开了。晚上8时，八路军100多个团按照预定计划在华北广大地区向日本侵略者和伪军发起了空前规模的全面进攻。左权和彭德怀在武乡县王家峪八路军总部作战室紧张地指挥着，不时询问各部队的情况，发出相关指示，大家彻夜未眠，等待前线的消息。

左权爱抽烟，而且习惯在作战紧张或紧张思考的时候一支接着一支抽着烟，地上丢满了烟头。作为一名参谋长，每一次的战术部署都需要他的深思熟虑。这场战役无疑是八路军敌后抗日重要的一次抗战。成败直接影响到华北敌后根据地的生存问题。长期的参谋工作和作战经验使得左权能够沉着冷静地思考主攻和助攻、火力和机动、正面和纵深、作战和情报、通讯和后勤等问题，以确定进攻时间、地点、使用兵力方向等等。

对于敌我形势，左权有着清醒的认识。当前八路军处于四面受敌的环境中，随时都有腹背受敌的危险，加上敌后游击战和总后方的联络隔绝，使得八路军的补给十分困难。但是敌人的弱点也很明显，日军驻守华北的兵力虽然增加到60万人，但是由于战线过长，各据点兵力分布稀疏，容易被各个击破。为了克服八路军的弱点，利用好敌人的弱点。左权与彭德怀除了将兵力集中在正太路以外，在战术上采取了包围、迂回部署、由各方向汇合突击，断其退路，从四面围袭攻打驻敌的歼灭作战方法。根据敌我形势，用监视、封锁、强袭等方法，攻占各交通据点。

正太路的沿线守敌兵力空虚。八路军集中10倍于日军的兵力，很快取得了战场主动权。刘伯承、邓小平指挥的一二九师以10个团兵力破袭正太路西段，聂荣臻指挥的晋察冀部队以15个团的兵力破袭正太路东段。一二九师主力在后方控制正太线，防止日军从侧后攻击。八路军以潮水般的攻势扑向了正太路。敌人低估了八路军组织隐蔽、运动部队的能力，所有据点连续遭到袭击，沿线桥梁、隧道、车站等建筑物均遭到损毁。

八路军总部的作战室里，传来了震撼华北大地的爆炸声。一次次捷报传来，左权运筹帷幄，兴奋不已。正太路东段八路军攻克了娘子关要隘，攻占了井径煤矿。敌人损失惨重。在正太路西段，芦家庄、马首等车站和据点都被一二九师左、右翼部队攻克。

各个抗日根据地的八路军部队和地方武装纷纷参战，分头追击逃亡的日寇。各交通线上的部队对敌军车站、据点发起猛攻，切断敌人通讯联系。各个地方武装、游击队、自卫队、和当地民众一起扑向铁路、公路，炸毁敌人要道据点

8月23日，朱德、彭德怀、左权给参战部队电令嘉奖并鼓励部队乘胜追击扩大战果。左权根据参战部队超过100个团的数目，提议这次战役命名为"百团大战"。左权为已取得的胜利感到十分兴奋，同时又继续踱步于地图前，研究下一步的战略部署。

在百团大战的第一阶段，彭德怀、左权合理使用兵力与民力，达到了掐断敌人"喉咙"，疲惫敌人的战略目标。左权就

手头电报材料，在9月2日作了《论百团大战的伟大胜利》的广播讲话，总结了百团大战以来的战果。正当八路军庆祝第一阶段的胜利时，日军第一军开始计划对八路军实施各个击破的反击作战。日军首要攻击目标就是袭击正太路的一二九师。独立混成第九旅团的步兵3个大队，配属两个支队，独立混成的第四旅团4个步兵大队，9月1日自平定、和顺、辽县一带以分进合击的老战法进入八路军活动范围。

左权考虑到在第一阶段的战队中部队已经十分疲劳，十几天来没有休息过。于是左权命令留下少数兵力来牵制敌人和掩护主力，主力脱离战斗，转到外线休整。

独立混成的第九旅团、第四旅团是日军专门对付游击战的八路军的。他们时常对根据地采取杀光、烧光、抢光的三光政策。这次他们配备精良步兵，携带炸药，计划摧毁八路军的军事设施和民房。但是左权已经命令八路军总部撤出，群众也大多坚壁清野。敌人虽然报复心切，但却怎么也找不到八路军的主力部队。八路军行动迅速灵活，做好了群众工作，使得日军的计谋没能得逞。八路军大部分都在撤离区休整，敌人满载而归的却是疲劳，沮丧。这为八路军进行第二阶段的胜利奠定了基础。

9月16日，八路军总部下达了百团大战第二阶段的作战命令。第二阶段首先爆发的是榆辽战役，这一战役八路军仍然使用了游击战的作战方式。榆社城是日军突入根据地的前沿据点，有城墙铁丝网作屏障，守军弹药储存充足，负隅顽抗。一二九师用5个团的兵力分为左纵队和右纵队，采取分割包围的方式突然袭击。23日夜，榆辽公路各据点同时遭到八路军的袭击。攻取榆社的炮兵、步兵、工兵协同作战。用炸药对敌人实行爆破。步兵乘机攻入城内。榆社被收复，榆辽公路上的据点全被拔掉。对于运动中的敌人，八路军采取伏击的战术。一二九师根据左权的指示收复辽县，同时以神速、灵活的行动在榆辽公路上设伏。但是由于辽县日军出动增援，敌军的援兵越来越多，左权决定一二九师撤出在辽县的战斗。

第一、二阶段，八路军给日军沉重的打击。敌人调集了3万人，企图对八路军进行的根据地进行报复性的扫射。左权指示部队在日军进行分进合击某个地区的时候，被围的部队应该以内线作战的姿态，投入反围攻的战斗中，其他毗邻根据地的部队向围攻的敌人作外线的包围，使敌人陷入八路军的内外夹击之中。围攻的敌人在内外夹击之下。不得不加强纵深装备，多建立据点，结果日军的野战兵力大大减少。野战兵力的减少寄给了八路军围攻的良机，为八路军取得了反扫荡胜利的条件。经过两个月的奋战，粉碎了日军的报复扫荡。

坚持敌后抗战的八路军和地方抗日武装在这次大规模破击战中，共进行了大小战斗1824次。击毙敌军20645人，击毙伪军5155人，俘获日军281人，俘虏伪军18400人，拔掉敌人2993个据点，并缴获了大量枪支弹药和军用物资，破坏铁路948公里，破

平型关大捷中的日本军队

坏矿山、桥梁、车站、工厂等不计其数。一系列的战果狠狠地打击了日军在华北战场的气焰。历时三个月的百团大战取得了伟大的胜利。

这一时期，左权的军事思想在实践中逐渐完善。左权认为，八路军必须依据自己所处的具体环境，敌我的具体条件，加强战术理论建设，八路军采取的新战术就是以游击运动战形式出现的游击战术，既不是纯粹的游击战术，也不是一种传统的正规战术，也不是西方的军事战术，而是由游击战术脱胎发展起来的新战术，是一种灵活、积极、机动性强的战术。它以广大人民群众为基础，是共产党领导下的军队在长期艰苦斗争中独创的战术。这种战术的基本精神就是"快速战"，讲究突然的袭击，快速的移动，隐蔽的伏击，灵活的撤退。

左权在百团大战前后，发表了一系列的文章阐述百团大战的军事战略思想，《战术问题》《论我军的后勤建设》《论百团大战的伟大胜利》《袭击战术》都体现了左权不唯上、不唯书，从实际出发，从考察、分析、探讨敌我双方的军事斗争入手，从实践和经验中总结作战理论。这些理论体现了左权在军事艺术方面的造诣。

日军在攻陷武汉以后，为了保障华北这个后方基地，将主力调集到华北，对华北抗日根据地实行"治安肃正"、"治安强化"、"囚笼政策"。其中囚笼政策就是以铁路、公路为支线，辅之以封锁沟墙，通过严密的监察监视组成一个囚笼，使

得八路军在狭小地区内不能进行大规模机动，

战争的消耗，敌人的不断围攻封锁，加上天灾，使得根据地的人力物力财力极为困难。尤其是粮食十分紧缺。每人每天只能吃一些发了霉的黑豆。一日三餐不是清水煮野菜，就是高粱豆腐粥，为了渡过难关，左权亲自率领司令员、炊事员和老农上山去采集可以吃的野菜野果、树叶。部队从干部到普通战士都只吃苦苦菜、榆叶糊糊，每人的口粮只有9两。久而久之，附近山上所有可以吃的树叶树皮和野菜都被扒光了。

抗日根据地的粮食危机使得许多人失去了抗日的信心和动力，这样下去日军的阴谋就会得逞。为了挫败敌人的阴谋，减轻人民的负担，八路军总部在武乡砖壁村玉皇庙召开了生产动员大会，左权也出席了这次会议。他在会上强调八路军无论是领导干部还是普通士兵都要学会从事生产，必须在当前严酷的环境下开展生产自救运动。生产运动包括种菜、打柴、养猪、烧炭、熬盐等，这一时期的八路军成了一支生产的大军，每个人都是粮食生产者。

动员第二天，朱德、彭德怀、左权一大清早就带着一群开荒的战士登上了砖壁村的小松山。左权带着作战科的参谋和警卫连一起在荒坡上开荒。左权像个地理老师一样给战士们讲起了这块寸草不生的地方的来历。他解说道：黄土高原是地质历史上新生代第四纪的沉淀物，加上黄河上游带来的黄土在这里几千年的堆积，使得黄土越堆越厚，成了现在的高原。而以前这里并不像现在这么荒凉，西周时这里是肥沃的粮食基地。由于人为的砍伐森林导致水土流失，才形成了现在这么光秃秃的样子。他还打趣道："别看这些山现在光秃秃的，不顺手得很，到时候它就变成了馒头山、包子岭、萝卜白菜沟呢？"

经过一周的劳动，总部机关就开辟出了170多亩的土地。播种的季节，左权每天都要抽空跑到附近的农民家里求教种植作物的方法。他和老乡们的关系很熟，经常就住在老乡的家里。开展生产大运动以来，左权向老乡掌握了许多庄稼的习性和种植方法。他还向机关干部们说："老乡说，阳坡棉花，阴坡菜，山顶玉米长得快。这话有道理啊。咱们应该向老乡们多多学习生产的手艺啊。"

这里的气候干旱，极度缺水，种子种下去没准就马上被晒干了。种粮食对于一些以前没参加过生产的八路军干部来说是一个极大的考验。作物缺水，人也一样。这里的井水有限，为了打一桶水不得不到十几里外的柳沟去。粮食荒加上水荒使得将士们一筹莫展。朱德总司令调查生产情况后，经过地质勘探，决定在景沟打水。打水就像一场战役一样，左权率先带头拿起了铁锹挖了起来。部队每天挖个一丈多，一直挖到十几丈深，才有泉水从地下冲出来。这使得左权的脸上露出了灿烂的笑容。

有了水，八路军和老百姓们开展的生产自救运动更加火热朝天。左权带领警卫战士们把肥施到沙土里，煤渣挑到黏土里，种山药蛋的地里撒上草木灰。左权和战士们一起挑水浇种，忙得不亦乐乎。地里下了玉米、谷子、山药、高粱、黑豆等作物种子。为了防止山风携带沙土破坏作物，左权又起早贪黑带领战士们给幼苗树起了一道道防风墙。

种子种下去，小苗一天天长高长大了，根据地出现了一片生机。八路军的生产自救运动逐渐发挥了成效。八路军军民同心、组织群众进行生产，有效地解决了粮荒。八路军总部命令各个师团在进行军事训练的同时，开展合作社，大量种植作物。部队指战员每人种3亩地，达到自足粮食3个月。截止1942年，全边区军民开荒40多万亩。开渠、打井水田达到6万亩。八路军和群众同心同德，共同从事生产成为当地的一段佳话。

晋冀鲁豫边区是华北主要的抗日根据地，日军对这里实施了蚕食政策，以交通线为依托，逐渐向抗日根据地作逐波式的推进，形成了对根据地包围的战略姿态。日军利用这种蚕食政策使得抗日根据地减少了六分之一，他们对根据地的百姓大肆屠杀，毁坏农田，实行三光政策。为了减少根据地的压力，晋察冀的八路军决定开展精兵简政。

为了纠正精兵简政就是减员裁员的错误观点，左权指出了精兵简政的实际意义就是提高军队的战斗力，节约可能节约的人力，节省在困难时期下十分宝贵的物力财力，是渡过当下的难关的正确途径。

在精简部队之后，左权的身边仅仅剩下了一名警卫员，一

华中抗日根据地开展大生产运动

匹骡子。这在当时仅仅是中下级指挥员的待遇。整个总部机关只留下了4%的人员，通过精简，太行山区精简了脱离生产的人员6万多人，预计可以节省粮食10万斤。

精兵简政的另一个目的就是要减轻人民的负担。有一次一位机关同志要赶90多公里的路，于是就到村公所借了一头驴。他骑着驴赶路，而驴主人跟在他的后面。恰好被左权碰见了，他毫不客气地把这位同志从驴背上请下来，责备说："这是浪费民力，会妨碍春耕的。"当时总部规定农忙时不得调用百姓的物力人力，否则要送政府法办。为爱护民力，又规定老百姓的公差一般不得超过三个月，农忙时应完全停止。一天夜里下了场雨，老乡们准备抢墒下种，但是缺少牲口，左权知道后马上将辎重营的骡马调来帮助老乡们下种。

八路军各部队、各机关根据精兵简政的政策，由上而下地召集了各级干部会议，检讨了各级组织机构、工作制度、人民负担情况，使得每一个人都懂得爱护和节省民力。

在这些艰难的岁月里，根据地的军民养成了勤俭节约的优良作风。左权对根据地的战士们指出，几年来的战争使得根据地陷入了极大的财政困境中。为了解决这个问题，首先要节约粮食，集体吃饭。减少不必要的待遇，严格收取粮票饭票；一张信纸可以用两次，一个麻质信封可以用四次；衣服按规定领取，破了尽量补了再穿；招待客人不用茶叶等等，这些细节无不体现了八路军勤俭节约的精神。

左权常常说："不能浪费，现在浪费就是一种犯罪行为"有一次他和警卫员住在一个农民家中。这间屋子的土炕刚建好，火很难点着，警卫员试了用柴火来烧炕，但是柴火点着后直冒烟，没有火，熏得左权咳嗽不止。真是"难烧的灶炕好冒烟"，警卫员赶忙把煤油灯端了过来，偷偷地在柴火上撒了点煤油，不料被左权看到了。他严肃地对警卫员说："这煤油是用来点灯用的，现在是极其短缺的物资，需要花费大量的人力搞到的。为什么这么浪费，下次可不能用煤油引火了。"

经过精兵简政和大生产运动，根据地的军民战胜了敌人的封锁。八路军不仅没有在日军的封锁面前倒下，反而日益发展壮大了起来。到1942年，八路军发展到了34万人。到1944年，根据地的军民已经有了168万人。

八路军开辟敌后战场以来，力量在不断壮大，军队的人数在不断增多，但是国民党的武器补给却没有增加。有的枪用久了威力下降大半，也不准了。和日军战斗，枪就是战士们的生命。没有充足的武器补给，八路军很难进行敌后抗战。

为了适应这种形势，八路军设立了军工部，以太行的军工为基础，在山西省榆社县韩庄成立了一个小型的军工生产基地。开始修械所只能修理枪械，每月只能生产出三五支枪。后来经过努力，每月生产的枪支可以装备一个新兵连。

1939年6月，日军向晋东南发动了第二次九路进攻，修械所的生产受到了严重的影响。左权经过几次实地的勘探之后，经过朱总司令和彭副总司令的同意，决定将修械所迁到黄崖洞。黄崖洞地处山西省黎县城西北部，西接武乡，东连辽县，北临榆社，位于太行根据地的腹地。这里众山环绕，隐蔽性十分好，易守难攻，非常适合作为一个军火仓库。

左权亲自带领原来的兵工厂迁入了黄崖洞，还扩大了原有的生产规模。开工后，兵工厂一个月制造的枪支已经可以装备4个营的兵力，除生产七五步枪外，还可以生产地雷、手榴弹、刺刀、炮弹等武器装备，成为华北八路军主要的军火生产基地。如此重要的军火基地八路军自然十分重视，在黄崖洞设立了重重的防线，总部炮兵团长武亭率领特务团第三营进驻黄崖洞，肩负起了警卫兵工厂的任务。

从1941年10月底开始，日军华北方面军司令冈村宁次在太行山区发动了为期22天的"捕捉奇袭"扫荡。日军集结了晋东南三十六师团步兵和独立混成第四旅团的三个混成步兵大队共5000余人，在飞机的掩护下，向八路军驻地的黎县、赤岸、西井扑来。日军两千余众为一路，气势汹汹地直指黄崖洞兵工厂。11月7日，左权带着八路军总部作战科参谋陈良诚、刘力克以及电务员、机要员和几个警卫，直接指挥黄崖洞保卫战。

11月8日，日军向东佯攻涉县，走到石门、五十亩一带又掉头北进，占据了西井，然后用奇袭包围的方法，向黄崖洞扑来。抢占了山下的赤峪村，情况十分紧急。日军的奇袭包围在凌晨就开始了，偷袭南口，同时一路转到侧后，试图截断特务团退路，造成前后夹攻之势。而这一步棋早已在左权的预料之中，预伏的一二九师部队将他们赶回原地。日军转而加强火力突破南口防线，除了使用密集的炮击，还惨无人道地使用了燃烧弹和毒气弹。指战员们纷纷中毒，伤亡惨重。

七连两侧的作战工事大多被炮火摧毁，指战员们纷纷冲出来和冲到跟前的敌人硬打硬拼。左权果断命令七连利用倒塌的碉堡工事坚守勿出，把敌人消灭在阵地前。七连依托残存的工事，沉着应战，以冷枪射杀日军指挥官，连续四天将敌人滞留在原地。愤怒的日军经过短暂的调整，于13日拂晓集中十余门大炮开始猛烈炮击。

日军集中攻打八路军防线最弱的跑马站在不惜兵力阵亡的情况下，冒险突破了八路军的防线，占领了跑马站。之后日军又向南口第一线阵地攻击，企图占领一五六八高地，南下水窑口，夹攻南口。左权知道跑马站失守后，当即询问前线的战况，鼓励战士们再坚持一下。

为了配合黄崖洞保卫战，陈锡联指挥的五旅十三团奉命支援黄崖洞，当即收复了东涯底、赵孤村等地，给了特务团极大的鼓舞。这时，日军已经和特务团处于同样的高度，战斗进行到最为激烈的阶段，左权亲自上前线指挥。在一次日军的炮击过后，敌人的飞机从空中呼啸而过，一颗炸弹落在了左权指挥所的附近。炸弹的气浪顿时把屋顶炸开。指挥所开了一个天窗。警卫员建议左权后撤，左权俯身抓起一件衣服，捡起了掉落在地上的电话机，用衣服包住电话机，对着电话机里另一头的特务团团长下达命令。回过头来问警卫员说："你刚才说什么，一个指挥员怎么能考虑个人安危呢？战士们在浴血奋战，我一刻也不能离开。"左权英勇无畏、不怕牺牲的精神令警卫员十分感动。在左权的指挥之下，特务团抵住了敌人一波波凶猛的进攻。

但是日军的火力十分凶猛，为了诱敌深入，特务团战略性地后撤了。日军终于在这一天占领了黄崖洞兵工厂，并且紧追撤退的八路军。敌人这下正进入了八路军的圈套，遭到了一营火力的猛烈阻击。左权命令增援的八路军部队在黄崖洞与黎城必经之地设下埋伏。当天毫无察觉危险的日军遭到伏击，溃败逃出了黄崖洞。左权命令部队乘胜追击，收复了黎城。

战斗结束后，左权来到特务团的驻地，总结了这次战斗。这场战斗持续了8天，双方的伤亡都很大。日军进攻部队换了3次班，陆续增援达5000余人，特务团兵力不足1000人，但却利用有利地形和灵活的指挥毙敌1000余人，自己伤亡200多人，创造了抗日战争中以少胜多的模范战例。八路军总部通电表扬特务团，授予"黄崖洞保卫战英雄团"的光荣称号。

七、反扫荡斗争

1942春节刚过，日军就以三万多兵力开始向晋东南抗日根据地发动了新的扫荡。八路军采取各种办法，利用游击队的积极活动，发动小部队向敌人袭扰，破坏铁路公路，乘虚袭击日军据点，全面配合主力部队作战，造成整个华北风声鹤唳。敌人顾此失彼，分散了注意力，无法全力集中兵力。

八路军总部就驻在山西辽县麻田，上下麻田周围驻满了八路军的重要机关，由特务团负责保卫总部的安全。总司令部的内务任务，交给了特务六连负责，这个连一切的军事行动和日常工作都由左权直接掌控和安排。他一有空下来就组织连队干部学习文化，视察内部的情况，给战士们宣讲军事知识。

一天，左权照例来对战士们中间给讲解军事指挥和他的学习经历。这时炊事员老王对左权说："参谋长，咱们连长的老毛病又犯了。那天清晨3点，连长吹响了口哨要大家集合，九连的战士赵晓荣迟到了，加上身上披挂不齐。连长就不准他入列，当场训斥了他。小赵回到班里就哭了。"

这时连长唐万成刚好经过这里，他看到一群人围着左参谋长在谈自己的事情，说的正是他批评小赵的事，心头一愣，心想："糟了，同志们是在向参谋长告我呢，少不了又要挨批了。"

果然左权抬头看见唐万成，赶忙把他招呼过来，脸上显现出严肃的表情："唐万成，你怎么这么长时间还没有把自己最大的敌人打倒啊。"唐万成明白左参谋长是在批评自己。早在唐万成入党之初便认识左权。那时他参加了宁都起义，部队里军阀主义作风很严重，部队里经常随意打骂处罚稍有错误的士兵，侮辱士兵的人格。左权就提出共产党的部队里不能有军阀主义作风，它是部队形成凝聚力的头号敌人。唐万成养成的随意训斥士兵的习惯到现在还没有改掉。听了左参谋长的批评，唐万成面红耳赤。他心里知道自己是有这个毛病，但就是很难改掉。

左权历来反对只注重军队的表面功夫，整齐的步伐，好看的队形从来不是他要求的，他着重于加强技术战术的教育。八路军的游击战术讲求的是灵活多变，部队的战术素养十分重要，因此八路军战士在训练中要求灵活机警，有独立作战的能力与胆量，敢于和敌人拼刺刀。被唐万成批评的赵晓荣在连里是出了名的机智勇敢，但在唐万成眼里他是个不守纪律的"螺壳"兵。

左权问唐万成："赵晓荣为什么迟到你知不知道啊？"唐万成说："他就是不守纪律，故意迟到。"左权又问他："你有了解过他的情况吗，你不能什么事情都想当然。小赵拉了三天的肚子，夜里还发烧，这些情况同志们都告诉我了，只有你不知道。你不去问问他的情况，还随意断言他是故意迟到的。这是个十分严重的错误啊。"唐万成羞愧地低下了头，下定决心以后要多了解战士们真实的情况。

左权严谨务实的工作作风感染了周围许多人。这事以后，左权又直接领导了对部队的整顿，在部队里建立了新型的官兵关系。

1942年5月，日军对华北根据地发起了猛攻。敌人二月扫荡失败，这一次是比二月扫荡更加疯狂的五月扫荡。太平洋战场的连续胜利使得日军的侵略气焰更加嚣张，他们企图把华北地区变成东亚战争的后方基地，为日军提供一个稳定的后方。为此日军集中力量想要把根据地清除。驻山西的第一军以合击太行、太岳为主要目标，于4月上旬就开始准备。5月19日，日军向根据地的腹地扑来。八路军主力大部分转移到外线，只有中共中央北方局和八路军总司令部、野战政治部，供给部、卫生部、军械部以及新华日报社和北方局党校还在敌人的合击圈内。

当时整个后方机关的兵力很少，而日军有数万人马，长期准备，确实有风雨欲来之势。彭德怀、左权等各部首长召开会议，研究对策，决定在敌人分路合击时，乘隙钻出合击圈，然后在日军扑空撤退时，伺机集中兵力打击日军。左权将总部决定和转移路线与一二九师师部进行了周密的协调。

5月23日，总部各部门分头出发了。唐万成的警卫连两百多名战士守候着虎头山、前阳坡等险要之处，护送着总部转移。日军兵分两路沿着清漳河，向麻田扑来。唐万成的两百多人的战士们抵御着数倍于己的敌人的进攻。左权命警卫员给唐万成送去一块麻纸，上面写着："总部正在撤退中，誓死保证安全。"5月25日上午，八路军总部和北方局、党校、新华社的大队人马集结在南艾铺、高家坡一线的山沟里。日军采取"张网捕鱼"、"纵横合击"的战术包围，防止八路军突围。日军还出动了大批的飞机对这一带进行了扫射。

左权在19日就指示后勤部门转移物资，但是后勤部门对军情严重地估计不足，没有按照左权的指示将被服厂、鞋袜厂、肥皂厂及时转移，最要命的是军队里的几千头骡马没有被安置好。眼下五六架飞机在八路军上空进行疯狂地投弹扫射，上千匹骡马惊叫起来，有的负伤倒下了，有的吼叫，有的挣脱缰绳乱窜，饲养员到处追赶骡马，也不顾暴露目标的危险，局势颇为混乱。混乱无序的队伍被骡马辎重堵在了山沟里。左权看到这种情形，默不作声地跳上黑骡。把混乱的部队重新集结了起来，加快了行军的速度。左权从敌机的反复扫射中判断敌人下定了决心要合围八路军，这时日军正在向中心攻击，他们拥有极大的兵力优势，形势十分紧急。

面对这种局势，在左权的提议下，总部确立了分路合围的方针。左权率领司令部和北方局机关人员为一纵队，沿着清漳河以东，由南向北突围。罗瑞卿率领野战政治部直属队和党校、新华报社为第二纵队，向东面方向突围。后勤部队为第三纵队，由杨立三率领向东北角突围。接着左权布置了三路突围的任务。

日军发现了八路军分路合围的意图，快速收缩包围圈。各种密集的炮火和飞机向突围的队伍扫射。突围的队伍陷入了混乱之中。左权以洪亮的声音高喊："同志们不要怕，不要光看到天上的飞机，更要注意地面上的敌人。"

左权和彭德怀走在一起，左权对彭德怀说："彭总，你先走，带电台突围出去。"彭德怀反对道："不，你先走，留我在这里指挥。"左权认为彭德怀的安危比自己更重要，他坚决地对彭德怀说："你是副总司令，只有你突围出去，总部才算是突围了。"说完，也不顾彭德怀是否愿意，把唐万成叫来，硬是把彭德怀推到了马上。彭德怀十分感动，也理解了左权的好意，于是率部向西北方向突围而去。

在飞机大炮的掩护下，敌人妄图抢夺十字岭，十字岭是八路军向西北方向撤退的必经之路。一旦被占领，敌人的合围企图就得逞了。守卫十字岭的是一营三连，是一个模范连队，很多都是久经沙场的老红军战士。全连的士兵都知道守卫十字岭的重要性，坚守在阵地上，时刻准备和日军白刃搏斗。敌人从对面西山向北运动迂回十字岭，被三连火力截击，从左侧偷袭、背后包抄也告于失败。于是敌人就从正面强攻，拼起了老命。三连凭借有利地形奋起反击，把敌人一次又一次击退。

左权赶到十字岭，询问了守卫部队三连的部署、伤亡情况。对教导员王亚朴说："你们连打得很不错，很顽强。告诉全体战士们要坚守这个山岭，一定要坚持下去。只有将所有人员全部撤离出去才算胜利。"左权的话鼓舞了士兵们的士气，王亚朴发誓一定会和战士们坚守到底。

在这种危急时刻，左权始终和掩护部队在一起。他的存在就是战士们的精神支柱，只要有他在，三连的将士们就会有无比的动力抵抗日军的包围攻击。"太行山压顶也决不动摇，誓死保卫总部安全撤离。"这时，突围的八路军正悄悄地沿着崎岖的蜿蜒山路撤离敌人的轰炸区。

太阳偏西，大部分人员都突破了山口冲出了敌人的包围圈。彭德怀、罗瑞卿、杨立三等几路人马也已经突围而去。左权内心十分欣慰。

枪声渐渐稀疏，整整两天两夜没有合眼的左权这时不知不觉地眼睛迷糊了起来。突然，唐万成跑上来气喘吁吁地说，敌人已经攻上来了。巨大的喊声把左权惊醒。他马上命令道："快！抢占前面的山头！"唐万成火速带领部队向上反击抢占了山头，击退了一波敌人。

但是敌人的攻势远远没有停止，敌人的炮击和飞机轰炸比之前更加猛烈了。原来刚才敌人停止进攻是个阴谋，现在正兵分两路，悄悄摸了过来。一路从左侧袭击，一路改穿便衣偷偷地穿过草丛，企图从十字岭横插过来，切断警卫连的后路。左权预料到敌人的进攻意图，派人在山垭口前埋伏打击从左侧偷袭而来的敌军。敌人的偷袭失败了。

左权检查了一下队伍，发现总部挑文件箱的同志没有跟上来。左权知道日军对八路军的情报很重视，到处在搜集八路军的有关资料。而文件箱里有很多关于总部的重要文件，绝不能落到日军的手里。他对警卫员郭树保说道："快回头去找文件箱，一定要找回来，这是党的机密。"

郭树保担心左权的安危，他请求道："参谋长，我不能离开你，我的任务就是保卫你的安全。"左权清楚郭树保了解附近的情况，最适合找回文件箱。他不容郭树保分辩："听我的命令，找到文件箱后朝北艾铺方向找总部，我在那儿等你。"左权回过身来又将周围的参谋人员和警卫战士分散到电台和机要人员中，为的是保护电台和机密文件。

这时唐万成匆匆跑了过来，催促左权赶快撤走。左权还在担心彭司令的安全，问道："彭司令安全撤离了吗？"唐万成看到左参谋长不顾自己安危还在询问彭司令的情况，赶忙说："彭司令已经安全了，你快跟我走吧。"说完就拉起左权的手让他撤离。

眼下敌人的炮火密集，稍不留意就有可能丢掉性命。作为警卫员的唐万成深知左权每对待一分钟就多一分危险，他就是八路军大脑重要的一部分，他的安危将关系到整个部队。他绝不能让左权在这个时刻冒险。但是，左权挣开他的手，对他说道："万成同志，我有我的职责，文件箱还下落不明我不能撤离，你不要管我，快去追上彭总。"说完，左权加重了语调："这是命令，必须执行。"左权的命令让唐万成毫无办法，他能理解左参谋长的心情，只好掉转头追赶彭总去了。

命令完唐万成后，左权继续组织部队突围。日军的炮口对准了十字岭东阳坡上的突围人员，敌机在头上盘旋，地面上的炮火组成了密集的火网。左权登上高地，从容地继续指挥，他用已经嘶哑声音喊道："大家不要犹豫，冲出山口就是胜利，同志们快冲啊。"有左权指挥突围，战士们十分冷静，突破速度也加快了。

就在这时，一架敌机飞来，一颗炮弹落在了左权附近，一块弹片击中了左权的头部。左权立马失去了意识，倒在了地上。这位久经考验的战士血染沙场，壮烈牺牲了。他倒下的地方仅仅离安全出口的山脊只有数十米。用不了几分钟，翻过这座山就是安全地带。

看到左参谋长倒在了炮火之中，身边的警卫战士顿时心头一沉，以风驰电掣般的速度冲向左权倒下的地点。"参谋长！

参谋长！"年轻的译电员伏在左权的身边，看到参谋长的左额、胸口、脚上都中了弹片，已经没有了气息，不禁面色惨白失声痛哭。语言已经无法形容此时警卫员们内心的沉痛。整个山岭响彻了战士们的呼唤声和哀痛声。

再怎么悲痛也挽回不了左权的生命。警卫战士们决定立即把参谋长的遗体安置好。他们冒着炮火，流着眼泪抱起左权冲下了山，将遗体埋在了横岭南坡的树林中。最后的突围者强忍着悲愤，在一片哭泣声中掩护着部队撤离了十字岭。

这一次八路军的总部突围成功了，日寇几个月来精心准备的作战计划全部落空。铁壁合围和捕捉奇袭的战术破产。左权的牺牲并没有白白浪费，正是他的临场指挥使得八路军能够顺利拖住敌人掩护总部突围。左权的牺牲鼓舞了将士们抗日的热情和决心，他的精神长存在战士们的中间，他留下来的军事著作对八路军的后续抗战有着重要的指导作用，他勤奋亲民的工作作风为共产党员树立了榜样。

左权将军的死，震动了整个华北大地。他的死使得太行山为之低头致哀，漳河水为之哭泣。彭德怀副总司令听到噩耗后更是泣不成声。对战士们说："同志们让我们擦干眼泪，把悲痛化为动力，打击该死的日本鬼子，为参谋长报仇！"以往晚饭后彭总总是和左权一起在作战室里研究作战方案，而现在只剩下了他一个人，面对着墙上满满的地图，想起了以前和左权从事的日子和左权最后时刻关心自己安危的情景，不禁潸然泪下。

左权殉国的消息传到延安，中央的首长无不为之哀悼。6月15日，延安召开了左权追悼大会。先后发表了朱德、叶剑英、陈毅等同志哀悼左权同志的诗词和文章。其中朱德总司令哀悼词可以说是对左权十几年来从事革命和抗日的总结："十余年来，左权同志为了中华民族的解放，为了中国人民的解放，在枪林弹雨之间，出生入死，奋不顾身，从事武装斗争，成为我八路军最优秀的将领之一。……他曾长期担任高级兵团参谋长的工作，参与了我军许多重要战役和建军工作的规划和指导。特别是抗战以来，他在极其残酷艰难的敌后环境下，为国为民，劳瘁地工作着。在他参与策划下，八路军发展成为数十万的劲旅，全华北成为日寇所不能摧毁的堡垒，成为大后方安全的屏障。在军事理论、战略战术、军事建设、后勤工作等方面，他有着极其丰富与辉煌的建树，是中国军事界不可多得的人才。左权同志的这些功绩，是永远不会磨灭的。中华民族、中国人民、中国军事界，千秋万代，将要永远崇仰这个模范军人的。"

太行、晋察冀、晋西北的党政军各界都在7月初隆重举行了追悼大会。刘伯承、邓小平、聂荣臻等同志也相继发表了悼念文章。左权的死的确是党的巨大损失，中华民族的巨大损失。辽县曾经是八路军总部驻地，左权长期在这里工作辽县人民为了纪念左权，编了一首《左权将军之歌》：

左权将军家住湖南醴陵县，他是中国共产党的优秀党员。

参加中国革命整整十七年，他为国家他为民族费尽心血。

日本鬼子五月扫荡咱路东，左权将军麻田附近光荣牺牲。

左权将军牺牲为咱老百姓，咱们老百姓要为他报仇雪恨。

后记

　　左权牺牲以后，他的许多未发表的军事论述发表了。《解放日报》先后发表了他的两篇重要遗著《论军事思想的原理》和《八路军的战斗教练工作》，他从自身的实际经验出发，以马克思主义理论为基础，创造性地提出了许多著名的军事理论思想，如八路军的游击战术思想。这些著作奠定了他在军事史上无可替代的地位。

　　左权的牺牲给他的亲人沉重的打击。周恩来对左权的家属十分关心，几次托人给左权家属写慰问信并寄款。叶剑英遵照毛泽东的指示令人将三百元的港币换成了金戒指送给了左权的亲属。而左权唯一的女儿左太北，则由彭德怀亲自抚养。对于左太北彭总就像对待亲女儿一样给予她无微不至的照顾。十几年来左权的家属一直得到了党细心的关怀和照顾。

　　1942年9月18日，为了纪念左权将军，晋察冀政府将左权长期工作和战斗的辽县命名为左权县。八路军将左权的遗体从十字岭转移到了河北省涉县石门，并在石门旁边的山上修建了左权将军陵墓和将军纪念塔。1945年5月，左权县为纪念左权等革命烈士，在县城万寿宫旧址修建了烈士祠，内建烈士亭纪念左权石碑。1946年又扩建为烈士陵园，建立了纪念左权的六面砖塔，上面刻着碑文和朱德、罗瑞卿等同志的纪念文章。后来又扩建为左权将军事迹展览室，陈列有烈士画像、遗物。1983年还增建了左权将军半身铜像。

江山已复，将军已逝。千百人相继发表文章回忆他、纪念他、学习他，成千上万的群众来到左权烈士陵园里瞻仰他的陵墓和纪念碑。半个多世纪过去，左权将军的事迹依旧在百姓中流传，中国人民始终没有忘记这位热爱人民、忠诚于党、无私奉献的战士。他的光辉形象在人民心中树立了一座高大的丰碑！

延伸阅读

左权给母亲的信

母亲：

亡国奴的确不好当，在被日寇占领的区域内，日本人大肆屠杀、奸淫掳抢、烧房子等等，实在痛心。有些地方全村男女老幼全部杀光，所谓集体屠杀，有些捉来活埋活烧。有些地方的青年妇女，全部捉去，供其兽行。要增加苛捐杂税。一切企业矿产，统要没收。日寇不仅要亡我之国，并要灭我之种，亡国灭种惨祸，已临到每一个中国人民的头上。

现全国抗日战争，已进到一个严重的关头，华北、淞沪抗战，均遭挫败，但我们共产党主张救国良策，仍不能实现。眼见得抗战失败，不是中国军队打不得，不是我们的武器不好，不是我们的军队少，而是战略战术上指挥的错误，是政府政策上的错误，不肯开放民众运动，不肯开放民主，怕武装民众，怕改善民众的生活，军官的蠢拙，军队纪律的坏，扰害民众，脱离民众……我们曾一再向政府建议，并提出改善良策，他们却不能接受。这确是中国抗战的危机，如不能改善上述缺点和错误，抗战的前途，是黑暗的、悲惨的。

我们不管怎样，我们是要坚持到底，我们不断督促政府逐渐改变其政策，接受我们的办法，改善军队，改善指挥，改善作战方法。现在政府迁都了，湖南成了军事政治的重地，我很希望湖南的民众大大觉醒，兴奋起来，组织武装起来，成为民族解放自由战争中一支强有力的力量。因为湖南的民众，素来是很顽强的，在革命的事业上，是有光荣历史的。

我军在西北战场上，不仅取得光荣的战绩，山西的民众，整个华北的民众，对我军极表好感。他们都唤着"八路军是我们的救星"。我们也决心与华北人民共甘苦、共生死，不管敌人怎样进攻，我们准备不回到黄河南岸来。我们改编为国民革命军后，当局对我们仍然是苛刻，但我军将士，都有一个决心，为了民族国家的利益，过去没有一个铜板，现在仍然是没有一个铜板，过去吃过草，准备还吃草。

母亲！你好吗，家里的人都好吗？我时刻纪念着！

敬祝福安！

男 自林

1937年12月3日

论华北抗战及其作战指导（节选）

1.坚持华北敌后抗战的意义

具体说来，坚持华北抗战的意义是：

第一，很明显的是，敌人首先占领华北，是企图着以之作为进攻西北、进攻中原，达到灭亡全中国之根据地。我们要使敌之上述企图无由得逞，就必须有坚强之武装力量，团结着华北每一个不愿当亡国奴的人民，掀起广泛的抗日战争的烽火，与日寇周旋作殊死战。不管战局演变怎样，不管凶恶的敌人沿着交通要线钻了进来，和占领了某些大城市，和不管在敌后方之作战增加了某些困难，坚持在华北的作战，变敌后方为前线，以各种方法，采用各种不同的手段，不断地打击、威胁、袭击、破坏敌人，不断消耗、消灭敌人，疲惫分散敌人，迷惑抑留敌人，使敌人不易集结兵力，不能迅速转移兵力于其他战场，使钻了进来之敌，不能停止战争，并逼使其陷于孤立，陷于四面楚歌之中，而成为"死的东西"。这是对于击破敌之速战速决之战略方计，对于全国各个战线上作战战略之配合，对于全国范围内抗战之持久之支持，争取敌我形势改变，和逼使敌停止其战略进攻之最好方法。

第二，敌之首先占领华北，是企图利用汉奸伪政权巩固政治上的统治，从而"开发"华北丰富的资源，实行资源的抢夺与对华北广大民众的剥削榨取，以补充其财力物力的不足……要坚持华北的抗战，使敌不能占领广大领土，使敌不能安宁地占领一城一地，不能巩固其统治，不能"开发"华北丰富的资源，不能抢夺我华北之财力物力。

第三，敌人占领华北，不仅要占领华北的地盘，抢夺资源，并要征服我华北广大人民的民心。我能坚持华北抗战，便能保护华北人民不遭受敌之蹂躏，维系我华北广大民众的民心，更能坚定其民族意识，坚定其抗日决心与争取最后胜利之信心，使其与抗日运动有所配合，进而把华北广大民众之抗日游击运动广泛地开展起来，配合正规军作战，加强我之抗战力量。使伪政权、伪军不能建立起来，不能利用我之财力、物力，同时也更能规正国际对中国抗战的认识。

第四，在广泛游击战争开展中，能使华北民众学会抗日战争的方法与艺术。更在游击战争过程中，使千百万的武装游击队员，逐渐变为大批的抗日军队。因此，坚持着华北的抗战，不仅配合全国范围内抗战之持久，争取时间，组织新的力量，就是在华北战场本身上，在不断的战斗过程中，也将生长出锻炼出大批的忠贞于民族解放事业与最可靠的抗日军队。

第五，由于有正规军与华北千百万武装民众之游击运动之配合，使大规模的运动战游击战更容易开展起来，不断打击、袭扰、破坏、消灭敌人，争取不断的大大小小的胜利，造成大的胜利，造成大量地消耗敌人之人力、物力、财力，增加敌之困难，加速敌强我弱形势的改变，与兴奋我国军民，推动全国抗战，缩短转入反攻时期。更在不断打击敌人胜利之下，创立坚持华北抗日根据地，以之作为全国抗战范围内之敌侧后的"战略支点"，收复失地的"前进阵地"，将配合着全国抗战胜利的开展而转入反攻。

左权：《论坚持华北抗战》，1939年3月1日《前线》复刊第3期

最重要的是战略上之伟大胜利。敌寇已经用侵华战争一半的兵力，用了一年的时间，在其占领区域内的华北，来进行其"治安肃正"工作，而未有任何结果。这一事实，对于我们持久战的现阶段中，是有极伟大的意义的，而对敌寇的"速战速决"，"速和速结"的战略方计是不可想象的失败。自武汉、广州失陷以后，敌寇以主力回攻华北，以其军事行动配合其政治阴谋，企图实现其透降政策，述成"速和速结"。同时也是由于华北游击战的开展，根据地之创立，华北之坚持，抓住了敌人，严重威胁了敌人，所以我们老早就指出，坚持华北抗战，粉碎敌人之更番"扫荡"，这是粉碎敌寇和平妥协之政治阴谋最重要的措置，给东方慕尼黑制造者的有力的打击，同时，又是坚持全国持久战，直接保卫大西北的战略上重要保证。这在一年的事变中，已完全的证实了的，这不能不说是我们的伟大收获，伟大的胜利，

左权：《“扫荡”和反“扫荡”的一年》，1940年1月10日《群众》第4卷第1期

敌寇之围攻华北，一方面是企图在夺取武汉之后，为进行大规模的政治阴谋而暂时停止正面的进攻实行诱降政策；另方面是企图巩固占领地区，掠夺我华北广大的人力、物力、财力，以便进行其长期战争的准备。

左权：《“扫荡”和反“扫荡”的一年》1940年1月10日《群众》第4卷第1期

由于游击战争的开展，反“扫荡”战的胜利，抗日根据地的愈益巩固与深入，华北广大的民众在自己切身斗争的经验中锻炼得更加坚定了。他们的抗日情绪更加提高了，他们认清了在持久的战争之中，一定能够战胜敌寇，敌寇的造谣不能欺骗他们，敌寇的恐吓不能镇压他们，广大的群众已经投身到参战工作中来了，为保卫根据地而奋斗。敌寇掌握民心的企图，基本上是失败的。

左权：《“扫荡”和反“扫荡”的一年》1940年1月10日《群众》第4卷第1期

伟大的神圣的抗日战争，已经四个年头了，在此抗战发展过程中，敌我双方无论在政治上军事上，均起着严重的变

化。在敌后的华北，单就军事上说来，也就可以看出，在敌人方面，由集中兵力的正面猛攻，转换为向敌后大规模的"扫荡"，进行所谓治安作战，治安作战不能结束，现在又在进行所谓治安与建设作战；由速战速决转换为持久作战；由沿主要交通要道的进攻，转为向交通要道两侧的"扫荡"，向我各个抗日根据地的作战；由向华北一般的抗日力量的进攻，转换为唯一的指向共产党与八路军的作战；由大规模的集中的正规作战，转为分散的、不正规地采用"新战术"的作战；由主动的进攻，逐渐地转换为被动的应付，而泥泞愈陷愈深；由三四十万的兵力，逐渐增加到60万左右之兵力；由野战正规兵团，逐渐转换为守备部队；及由坚决顽强的战斗精神，逐渐转换为反战厌战情绪一般高涨，战斗力降弱；由巩固点线的占领，逐渐转换为企图扩张为面的占领；由日寇单纯的对我抗日力量之进攻，转换为逐渐地取得汉奸、伪组织之辅助与支援，取得某些民族败类的内应与配合。在我抗日军队方面，亦由正规军的单纯的呆板的防御，转换为大规模的运动战游击战：由正面的退却，转换为向敌后积极进军，由据守城镇与交通要道之作战，转换为乡村僻野广大地区之坚持，巩固与保卫各个抗日根据地之作战；由单纯地依靠正规军，不要民众，脱离民众之军队之作战，转换为依靠军队与民众之结合，开展广泛的民众性之游击战争；由依靠建筑在不良制度上、素质不良之军队之作战，转换为以八路军及一切进步力量为主之坚持；由不能与缺乏机动性、灵活性、积极性、创造性的军队作战，转换为由具有高度灵活性、机动性、积极性、创造性的八路军与一切进步力量与敌周旋；由错误的战略战术的指导，转换为正确的战略战术的指导；由反对日寇的作战，转换为逐渐地在反对日寇的作战中，同时也要进行反对奸伪的斗争，当然，反对日寇的作战，还是主要的；由单纯的军事的作战，转换为与敌寇进行全面的军事的、政治的、经济的、文化的斗争。

这虽是抗日战争中，在中日双方不同的特定条件下，抗日战争发展的规律，在一定的抗战阶段内之必然现象，但在敌后，特别在华北的战局形势，愈益严重下，加强在我们的肩上的困难，也愈益增加了。

左权：《论华北战局形势的特点和坚持华北抗战中作战指导与组织上几个基本问题》，1940年8月15日《前线》月刊第3期

我中华民族为抵御日寇的侵略，进行神圣的民族自卫战争已经整整两年了。我八路军坚持华北抗战也整整两年了。两年的华北抗战，大致可分做三个阶段：从"七七"事变到太原失守止，是第一阶段。在这一阶段中，华北是全国的主要战场，其势汹汹的敌人向我作猛烈的进攻，我则节节退守。八路军为挽救当时危局，停止敌进，稳定山西战线之目的，星夜赶进参与战斗。太原失陷到广州、武汉失陷是第二阶段。在这一阶段

中，敌人主要的进攻方向是津浦线与长江两翼。我们华北的抗战部队为配合徐州会战，配合大武汉的保卫战，一方面积极阻止沿津浦、平汉路南进之敌，同时向敌后挺进，攻击敌人，收复失地，创立根据地，抓住敌人。从广州失陷到今天，是第三阶段，在这个阶段中，敌人主要的企图是引诱中国投降，而以其军事配合政治上阴谋，在为实现"确实掌握占领地"口号之下回师华北，向我华北各个抗日根据地进行疯狂的"扫荡"，我们则为粉碎敌人的"扫荡"，坚持华北抗战，以保卫西北、西南，粉碎敌人之政治阴谋，坚持持久战而奋斗。这三个阶段的战争，八路军自始至终都是参加了的，而且每一时期都有自己正确的主张和办法，每一时期都创下了光荣的成绩。

左权：《坚持华北抗战两年中之八路军》，1939年3月8日《群众》第4卷第7期

由于华北各抗战部队的坚持，由于八路军的坚持，由于华北党政民之团结与坚持，十个月来反敌人之"扫荡"作战，虽未能完全粉碎敌人之"扫荡"计划，但已给敌人不少的硬钉子。敌寇用了60万的兵力，花了十个月的时间，虽完成了"扫荡"计划中之某些部分，就是说向我各抗日根据地"扫荡"了一次，并进占了某些所欲占之城镇，给予我某些损失与困难，但敌之"扫荡"战之目的却并没有达到。相反地，我们保有大块地区，仍能在各个地方，继续坚持作战，敌已遭极大的消耗

损失，60万大军被我游击战争抓住了，一切交通联络线仍时刻遭我破坏，往返移动部队仍不断遭我袭击，各个大小城镇仍处在我游击战争之包围中。

左权：《坚持华北抗战两年中之八路军》，1939年3月8日《群众》第4卷第7期

当敌人开始"扫荡"华北以前，不少的人们，对华北抗战形势，及其可能的演变，总是抱着一种不正确的估计。速胜论者认为，敌人再也无力了，不会也不敢再来进攻各个抗日根据地了，因此，便发生太平观念，不努力于抗战工作，而顽固分子们更大肆其制造摩擦之能事。我们共产党人及八路军人，则完全相反，我们早就指出，坚持华北抗战中的艰难困苦时期尚在前面，敌人必将回师"扫荡"华北，争取华北抗战的胜利，仍待万分的努力，没有华北一万万军民的团结，没有各方面工作大踏步的进步，没有民众的依靠，坚持华北抗战的胜利是不可能的。我们坚决反对破坏团结，反对摩擦，我们要拼一切精力，准备对付敌人的"扫荡"战，对付这种艰苦环境。我们下定决心，不管顽固分子如何破坏与摩擦，不管敌人如何来"扫荡"，我们要坚持华北抗战到底，并以坚持华北抗战来保卫西北及全中国。

左权：《坚持华北抗战两年中之八路军》，1939年3月8日《群众》第4卷第7期

"扫荡"战继续到今天并没有结束，但又有些人们正在想着敌人进攻西北，即将停止"扫荡"华北了。我们认为这种想法又是错误的，事实证明从本年五月下旬开始，敌人又增兵华北，并向晋察冀边区及冀中区更番进行"扫荡"，目前边区正处在紧张的战争环境中，敌人要进攻西北，必须"扫荡"华北，"扫荡"华北是进攻西北之直接准备，同时在进攻西北中，仍将不会停止"扫荡"华北，在整个相持阶段中，敌人仍将以最大的力量来进攻华北，华北是处在长期的紧张艰苦的战争环境中，争取坚持华北抗战的胜利是有充分可能的。但必须熬过这一长期紧张艰难的战争环境。八路军将以最大的耐心、决心和最大的努力，来和敌人拼斗，渡过这个难关，迎接总的反攻，迎接华北抗战的胜利。

左权：《坚持华北抗战两年中之八路军》，1939年3月8日《群众》第4卷第7期

敌之"扫荡"华北，是进攻西北之必要准备步骤。目前，敌之"扫荡"目标逐渐向南转移，这说明着敌之进攻西北期间已日益接近。又据各方探报，近日大批敌军在塘沽登陆，关东军向华北转运。这使我们更加认识保卫西北的战斗任务，更加严重与迫切了，坚持华北，就是保卫西北，以坚持华北抗战的胜利，粉碎敌人向西北的进攻，这是华北每个

军民的光荣任务。

左权：《四月份华北战局概况》，1939年6月11日《群众》第3卷第4期

必须深切了解争取军事上的胜利是巩固抗日根据地最基本的因素。在今天我各个根据地，首先是山岳地带，如敌人不是以大量兵力，大举围攻与"扫荡"能够打进来，而是可以以少数兵力自由地向根据地活动，修筑道路，守备据点，那么我之根据地不仅不能巩固，也就不成其为根据地了，而只能是个游击区。这给我们的困难将是不堪想象的。因此，过去一再提出在山岳地带，必须给敌寇单独活动之大队之兵力以歼灭之打击，使敌寇不敢以大队之兵力单独之行动，使敌不敢分散，否则敌寇单独之大队、中队、小队均敢于单独活动，建立据点，则今天之巩固的大块的根据地也就很快的要遭受敌人分割，而不成其为巩固的根据地了。

必须自信在山岳地带的有利地形，敌人所恃的技术兵器不能发挥大威力，我之优点能尽情发扬的条件下，争取歼灭敌寇单独之活动大队之兵力，是完全可能的，过去，没有能够取得这方面的胜利，是由于对力求军事上的胜利与巩固根据地的重要性之认识，可能消灭敌人单独大队兵力的信心与坚决之决心，军队之顽强性与积极性以及战术艺术之发扬是不够的。

我们有着正确的领导，有了正确的坚持敌后抗战的方针与

办法，有了广大的民众，我们是有了胜利的基础，今天，首要的问题，就是应在大小战斗中不断地、坚决地争取战斗的胜利，歼灭一切有可能歼灭的进犯我根据地之敌人。因此，更进一步提高坚决歼灭敌人的信心与决心，提高部队之顽强性与积极性，提高我们的战术艺术，成为今日之重大问题。

　　左权：《战术问题》，1941年2月15日《前线》半月刊第8期

左权年谱

1905年　出生

3月14日出生在湖南省醴陵县平桥乡黄猫村的贫苦农民家庭。原名左纪传，字孳麟，号叔仁。

1912年　7岁

进入私塾读书。

1914年　9岁

考入醴陵县第八国民小学。

1917年　12岁

考入醴陵北区联合高等小学。

1921年　16岁

考入醴陵县立渌江中学。

1922年　17岁

参加进步组织社会科学研究会，参与抵制日货。

1923年　18岁

12月，从醴陵赴广州，进入广州大本营军政部教导团军士连成为一名学兵，改名左权。

1924年　19岁

2月，在大本营陆军讲武学校接受训练，参加"莲社"。

11月，转入黄埔军官学校第一期第六队，被选为中国青年军人联合会筹委会委员。

1925年　20岁

2月，加入中国共产党，介绍人为陈赓、周逸群；随黄埔军校教导团参加第一次东征。

6月，回广州参加平定刘震寰、杨希闵叛军的战斗，任攻鄂军军部卫队营警卫连连长。

10月至11月，从广州坐船经上海抵海参崴，前往莫斯科留学。

1926年　21岁

在莫斯科中山大学第一期第七班学习。

1927年　22岁

8月，由中山大学转入苏联伏龙芝军事学院东方系中国班学习。

1930年　25岁

5月至8月，从伏龙芝军事学院毕业，秘密回国，到福建龙岩担任中国工农红军军官学校第一分校校长。

12月，任闽西新十二军军长。

1931年　26岁

5月，任红一方面军总前委参谋处处长，补选为总前委直属机关党委会委员。

12月，以中央军委代表身份接应宁都暴动。

1932年　27岁

1月，任红五军团第十五军政治委员。

4月，指挥红十五军攻下漳州城，兼任红十五军军长。

6月，担任中国工农红军中央军事政治学校军事教官。

1933年　28岁

1月，任中央革命军事委员会作战局作战参谋。

2月，参与指挥中央红军发起黄陂、东陂战役。

12月，出任红一军团参谋长。

1934年　29岁

1月至2月，参与指挥三岬嶂、乾昌桥、凤翔峰战斗。

7月，建立红一军团侦察科。

9月，参与指挥温坊战役。

11月，指挥红一军团一部掩护红一方面军通过粤汉铁路，掩护军委纵队和后继部队通过湘江。

12月，指挥军团侦察部队占领贵州施秉城，参与指挥渡过乌江的战斗。

1935年　30岁

1月至3月，参与指挥红一军团攻占遵义、四渡赤水河，抢占娄山关，二攻遵义城等战斗。

5月，任强渡大渡河右纵队司令员，吸引川军，掩护红军主力从安顺场强渡大渡河。

6月，率领部队翻越夹金山、大小金川、梦笔山，与红四方面军会合。

7至8月，率红一军团各部最先穿越草地。

9月，指挥红二师攻下天险腊子口。

10月，率部进占陕西吴起镇，与红二十五军、二十七军胜利会师。

1936年　31岁

2月至4月，任中国人民抗日先锋军第一纵队参谋长，率领部队东渡黄河。

5月，任红一军团代军团长，回师向陕甘宁边界地区进发。

6月，指挥曲子镇、阜城、七营等战役。

9月，率部占领会宁城。

10月，与红四方面军、红二方面军胜利会师。

12月，援助张学良、杨虎城逼蒋抗日。

1937年　32岁

2月，任中国人民抗日红军前敌总指挥部参谋长。

8月，中国工农抗日红军改编为国民革命军第八路军，任副参谋长。

9月至10月，随朱德总司令东渡黄河，奔赴华北抗日前线。

1938年　33岁

4月，在山西武乡马牧村突破日军重围，率领总部特务团攻占沁县县城，解除敌人对八路军总部的威胁。

12月，任八路军前方指挥部参谋长。

1939年　34岁

4月，与刘志兰结婚。

7月，指挥八路军总部机关直属队粉碎日军第二次九路围攻。

1940年　35岁

2月，兼任八路军第二纵队司令员。

3月，指挥八路军第二纵队粉碎国民党第一次反共高潮。

8月至10月，与彭德怀共同指挥百团大战。

1941年　36岁

11月，指挥黄崖洞保卫战。

1942年　37岁

2月，指挥总部特务团阻击日军，掩护总部直属队突围。

5月24日，指挥部队阻击日军，掩护总部机关干部和群众突围。

5月25日下午2时，在辽县十字岭东山坡指挥总部直属队突围，不幸头部中弹，壮烈牺牲。